住吉大社
石燈籠図鑑

石燈籠の各名称

① 宝珠

頂上の玉ねぎ状の装飾。

① うつぼ干鰯仲間の石燈籠

【奉納年】
明治二十三年正月
(1890)

【場所】
表参道の北側

干物や肥料にする干鰯《ほしか》などが全国から集まる靱《うつぼ》塩干魚市場（現在の靱公園付近）の商人たちが奉納した石燈籠。高さは約 8m。

② さこば魚問屋の石燈籠

【奉納年】
文化九年四月一日
(1812)

【場所】
西大鳥居を入った左
北絵馬殿そば

おもに生魚を売買した雑喉場《ざこば》魚市場の商人たちが奉納した石燈籠。題字は、江戸時代中期の儒学者・国学者五井《ごい》蘭洲の筆。

③ 阿州藍玉大坂積の石燈籠

【奉納年】
天保二年正月
(1831)

【場所】
北大鳥居の西側

阿波の名産である、藍《あい》玉を扱った業者によって奉納された。藍玉は、藍の葉を発酵・熟成させて臼でつき、乾燥して固めた染料。

④ 江戸

古手屋《ふるてや》と
買する店
までの地
と東日本
の交流が

⑧ 卯之日参道 豫州松山の石燈籠群

【奉納年】
宝永六年～享保六年
(1709)　(1721)

【場所】
卯の日参道

角鳥居前の「卯之日参道」の両側には、高さ約3mの石燈籠が40基以上並んでいる。その多くは、伊予松山と大坂の商人が奉納したもの。

⑨ 卯之日参道 翫物商の石燈籠

【奉納年】
宝暦十二年九月
(1762)

【場所】
神池東岸の南北

おもちゃ問屋が奉納した石燈籠。後継者が再建修復を行うたびに石壇が増えて高くなる。2020年11月の改修で、650をこえる人名・企業名が刻まれる。

⑩ 大坂 吉文字屋清左衛門の石燈籠

【奉納年】
享保二十年四月
(1735)

【場所】
角鳥居の南北

四角柱が珍しい角鳥居の左右にある石燈籠。
再建されたもので、題字は文人画家・書家として活躍した池大雅の筆。

⑪ 忍城 阿部

阿部正敏
た江戸時
には、大

⑮ 東國積 勢壽講 勢州積荷主中の石燈籠

【奉納年】
明治二年九月
(1869)

【場所】
東大鳥居の東西

伊勢の廻船問屋たちが奉納した石燈籠。
東国と大阪を結んで品物を輸送した。

⑯ 浅沢社 松嶋廓有志者の石燈籠

【奉納年】
大正六年二月
(1917)

【場所】
浅沢社・神池の島

かつて大阪市西区にあった松嶋遊廓《ゆうかく》の有志が奉納した石燈籠。カキツバタの花が咲く神池の中の島に立つ。

⑰ 大阪巡航合資会社の石燈籠

【奉納年】
明治四十年七月
(1907)

【場所】
南参道の西側

明治 36 年 (1903) 設立の大阪巡航合資会社が奉納した石燈籠。同社は大阪市内の河川に蒸気船を運行した。題字の筆者は、近代文人画家の富岡鉄斎。

⑱ 諸国 京都

紅花を取
納した石
てるため
付を依頼
る。

住吉大社叢書 第1巻

すみよっさんの境内と石燈籠

住吉大社叢書刊行会◆企画
住吉大社◆編集

清文堂

上空から見た境内と社殿

住吉大社上空から明石海峡を望む

序文

髙井道弘　住吉大社宮司

住吉っさん。人々が親しみをこめて口にする住吉大社の呼称である。

伝えられるには、今をさかのぼること千八百年あまりのむかし、神功皇后が託宣によって当地に住吉大神を鎮座せられた。さらに、仁徳天皇は住吉津を定められ、それ以降は朝廷の表玄関にあたる難波の海、そして行き交う船舶を守り導く存在として、ひろく崇敬をあつめた。そのため、遣隋使や遣唐使の出発時には当社に奉幣があり、難波を介して様々な文物が摂取され、やがては、外交や貿易の守護神として崇敬された。中世の堺、近世の大坂がいずれも海運で繁栄した背景には、住吉信仰があったとも云えよう。

『古事記』『日本書紀』には、住吉大神が海から出現され、禊祓の神徳であることの由縁が神話と歴史を交えて語り継がれている。同じく『万葉集』『古今和歌集』にも、その信仰と共に住吉の地が数多く詠まれており、白砂青松の風光明媚な住吉の地は、いつしか和歌の神として崇められるに至った。つまり、海の神、託宣の神は、言葉をつかさどる和歌の神へと昇華したのであった。それは、話芸文化といわれる大阪の伝統へとつながっているのである。

さらに、王朝文学の『源氏物語』『伊勢物語』『住吉物語』の名場面にもなり、そして、『御伽草子』一寸法師をはじめとする中世文学にも大きな影響を与え、『高砂』など能楽作品の舞台となり、また住吉明神が登場するのであった。江戸時代には人形浄瑠璃『夏祭浪花鑑』、滑稽本『東海道中膝栗毛』、古典落語『住吉駕籠』などの場面を見れば、ひろく庶民に親しまれた住吉大社が理解できることであろう。

そして現代。大阪の人々は「新年のはじまりは住吉っさんから」というが、今日も初詣の参拝者は二百万人を超えるほどである。年頭の諸神事、松苗神事、卯之葉神事、御田植神事、住吉祭、観月祭、宝之市神事など、年間を通じて数多くの祭典が行なわれ、四季折々の姿を伝えている。

今回、藪田貫先生、黒田一充先生を中心にした皆様のご尽力と、清文堂出版のご厚意により住吉大社叢書が出版の運びとなった。住吉大社を紹介する図書としては、皆様方の手に取りやすく、平易な文章で構成されたもので、当社にとっても有り難い出版であり、関係の皆様に感謝の意を表する。

令和五年正月

すみよっさんの境内と石燈籠✣目次

第三部

石燈籠探訪 35

第一部

住吉大社の祭神と歴史

住吉大社正面

住吉大社は古くから、海の神、お祓いの神として信仰を集め、遣唐使が派遣される際には、航海の安全を住吉神に祈りました。社前の海岸に沿って松並木が続き、白波が寄せる風光明媚《ふうこうめいび》な景観が多くの和歌に詠まれました。さらに、文学作品の舞台としても描かれたことから、和歌や文学の神となり、のちには農業の神としても信仰されました。

住吉大社の祭神や、神社の歴史を紹介します。

神話と住吉の神

『古事記』や『日本書紀』の国生みの神話では、イザナギノミコトとイザナミノミコトが国土や神々を生み出し、最後に生んだ火の神のためイザナミが亡くなります。亡き妻を追ってイザナギは死者の世界の黄泉《よみ》の国へ行きましたが、妻を連れ戻すことができず、かえってケガレを受けて帰ってきます。

そのケガレを清めるために、筑紫の日向《ひむか》の橘の小門《をど》の阿波岐原《あはきはら》で禊祓《みそぎはらえ》をします。その際に多くの神々が成り出ましたが、中のあたりの瀬に下り、水の中に潜って水底に沈んで身を洗ってすすいだときに成り出た神がソコツワタツミ、次にソコツツノヲ、水の中ほどあたりですすいだときに成り出たのがナカツワタツミ、次にナカツツノヲ、水の表面のあたりですすいだときにウハツワタツミ、次にウハツツノヲが成り出たといいます。このときに成り出た底筒男命《そこつつのをのみこと》、中《なか》筒男命、表《うわ》筒男命の三神が、住吉大社の第一本殿から第三本殿に祭られている住吉三神です。

さらに、『日本書紀』では、朝鮮半島へ遠征するため、オキナガタラシヒメ（神功皇后《じんぐう》）が神意をうかがったところ、この三神が皇后の渡航の安全を加護するとの神託があったと伝えています。

「住吉大神御神影軸」
（狩野元信筆・室町時代）

そして、遠征に成功したのちに再び神託があり、荒魂《あらみたま》（荒々しい神魂）を「穴門《あなと》の山田邑」（現在の山口県下関市の住吉神社）に祭りました。摂津国でも神託があり、「吾が和魂《にぎみたま》（温和な神魂）、大津の渟中倉《ぬなくら》の長峡《ながお》に居《ま》さしむべし。便《すなわ》ち因《よ》りて往来船を看《みそなは》さむ（わが和魂を大津の渟中倉の長峡に坐すことになれば、そこで往来する船を守護しよう）」と言われたため、神の教えのままに鎮め祭ったといいます。これが住吉大社鎮座の由緒で、のち、第四本宮に神功皇后が祭られました。

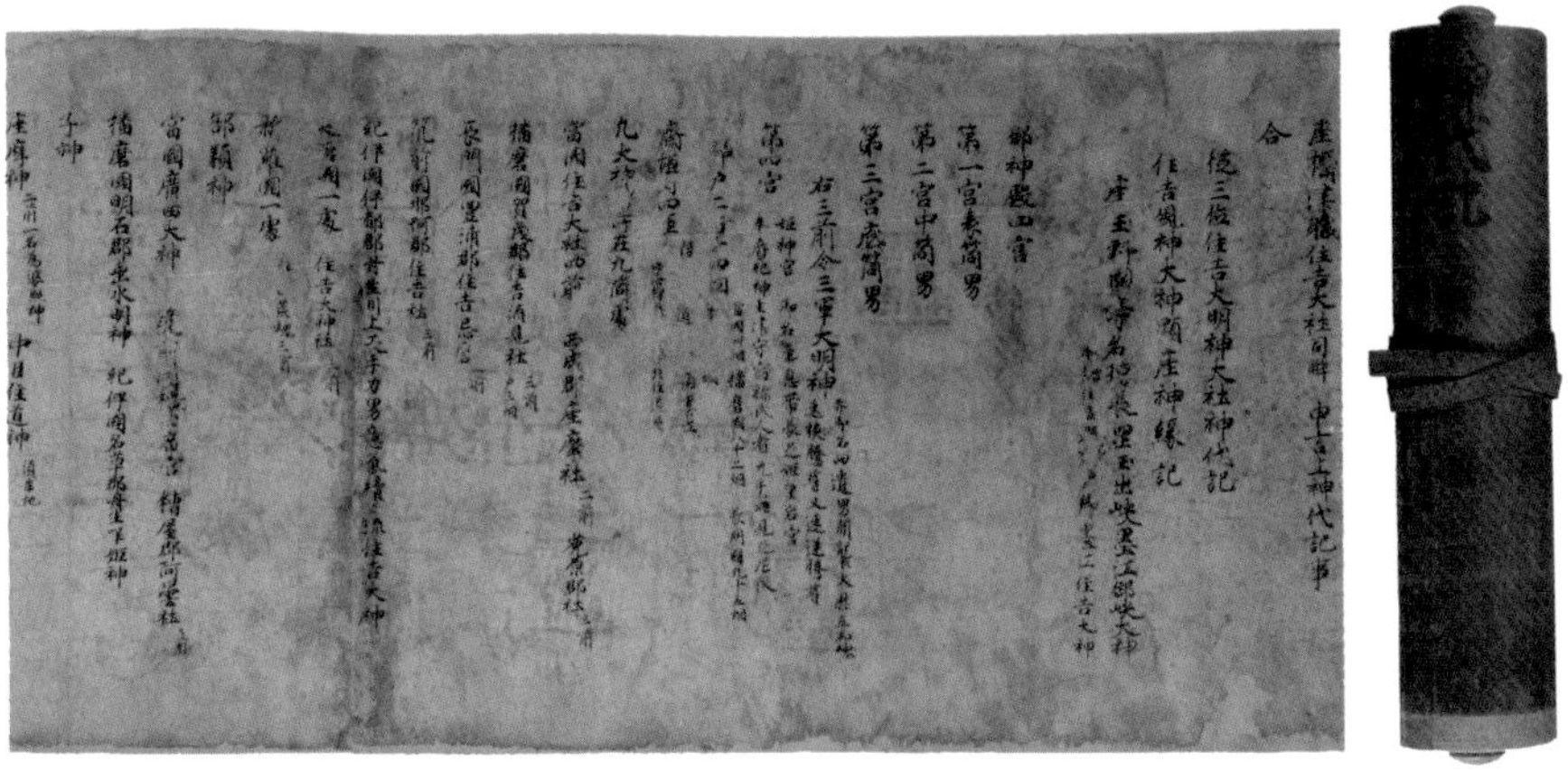

『住吉大社神代記』

遣唐使と住吉大社

『住吉大社神代記』によると、神社創建の奉仕を行った神主は津守連《つもりのむらじ》の祖、手搓足尼《たもみのすくね》（『日本書紀』では田裳見宿禰）とされ、代々津守氏が住吉神主をつとめました。

斉明五年（六五九）七月に派遣された遣唐使の一行に津守連吉祥《きさ》の名前があり、その後も遣唐使に津守の一族の名前が見えます。

『万葉集』には、

住吉の　わが大御神　船の舳《へ》に　領《うしは》き坐《いま》し　船艫《とも》に　御立《み》たしまして　さし寄らむ　磯の崎々　漕ぎ泊《は》てむ　泊《とま》り泊りに　荒き風　波にあはせず　平けく　率《ゐ》て帰りませ　もとの朝廷《みかど》に

（巻十九―四二四五）

として、天平五年（七三三）の遣唐使に、住吉の神の御加護で無事に帰って来られるよう贈った歌があります。

天平神護元年（七六五）の遣唐使を送る宴でも、

遣唐使進発の地の碑

住吉《すみのえ》に　斎《いつ》く祝《はふり》が　神言《かむごと》と　行くとも来《く》とも　船は早けむ

（巻十九―四二四三）

として、神懸《かみが》かりした住吉の神主が言うには、往復とも無事に船は速く進むだろうという歌が詠まれています。このように、住吉神は遣唐使の航海の無事を守る神として意識されていました。

十世紀に編纂《へんさん》された『延喜式』の官社のリスト、式内社に含まれる住吉神社は、摂津・播磨・長門・筑前・壱岐・対馬国と陸奥国磐城郡にありました。陸奥以外は、遣唐使の航海路にあたる国々です。また、陸奥と播磨以外はすべて名神大社であったことも、住吉神社が重要な神だと認識されていたことがわかります。

和歌の神としての住吉大社

住吉《すみのえ》の　浜松が根の　下延《は》へて　我が見る小野の　草な刈りそね

大伴家持《おおとものやかもち》

（『万葉集』巻二十―四四五七）

住之江の　松を秋風　吹くからに　声うちそふる　沖つ白波

凡河内躬恒《おおしこうちのみつね》

（『古今和歌集』巻七―三六〇）

住之江の　岸による波　よるさへや　夢の通ひ路　人めよくらむ

藤原敏行《としゆき》

（『古今和歌集』巻十二―五五九）

住吉の　岸のひめ松　人ならば　いく世かへしと　問はましものを

よみ人知らず

（『古今和歌集』巻十七―九〇六）

住吉浜には松並木があり、白波が打ち寄せる美しい景色の場所であったことから、古くから歌枕の地として多くの和歌に詠まれました。とくに四つめの歌にあるように、住吉の松並木は、どれほどの時代を経てきたかわからない永続した存在と考えられていました。

遣唐使が廃止になった平安時代中期あたりからは、住吉の神は海の神だけではなく、次第に和歌の神としても信仰されるようになっていきます。

『伊勢物語』には、第六十八段に住吉の浜で歌を詠んだ話があります。

むかし、男、和泉の国へ行きけり。住吉の郡、住吉の里、住吉の浜をゆくに、いとおもしろければ、おりゐつつゆく。或る人、「住吉の浜とよめ」といふ。

雁鳴きて菊の花さく秋はあれど
春のうみべに住吉の浜

とよめりければ、みな人々よまずなりにけり。

主人公の男が住吉の浜に出かけ、同行の人から和歌を詠めと言われて詠んだ歌が非常にすばらしかったので、ほかの人びとは和歌を詠まなかったということです。

第百十七段では、

むかし、帝、住吉に行幸《みゆき》し給ひけり。

我見ても久しくなりぬ住吉の
岸の姫松《ひめまつ》いく代《よ》へぬらむ

御神《おほんかみ》、現形《げぎやう》し給ひて、

むつましと君はしらなみ瑞籬《みづがき》の
久しき世よりいはひそめてき

住吉へ帝の行幸があり、昔から変わらない住吉の浜の美しい松並木のことを歌に詠むと、住吉の神が姿を顕し、住吉の神と天皇家はずっと昔から親しくしているという歌を詠んだといいます。住吉が和歌の神として信仰されていたことがよく表れている話です。

王朝文学と住吉大社

平安時代には王城鎮護の二十二社や摂津国一宮として信仰を集め、多くの文学作品にも住吉社が登場します。紀貫之《きのつらゆき》は、承平五年（九三五）二月五日、任国の土佐からの帰りに住吉社の沖合を船で通りかかったことを、『土佐日記』に記しています。

五日。今日、からくして和泉の灘より小津《をづ》の泊りを追ふ。松原目もはるばるなり。（中略）といひて行く間に、石津《いしづ》といふところの松原おもしろくて、浜辺遠し。

また、住吉のわたりを漕ぎゆく。ある人のよめる歌、

いま見てぞ身をば知りぬるすみのえの
松よりさきにわれはへにけり

ここに、むかしへ人の母、一日かた時も忘れねばよめる、

すみのえに船さし寄せよ忘れ草
しるしありやと摘《つ》みてゆくべく

となむ。うつたへに忘れなむとにはあらで、恋しきここちしばしやすめて、またも恋ふる力にせむとなるべし。

かくいひて、ながめつつ来る間に、ゆくりなく風吹きて、漕げども漕げども、後《しり》へ退《しぞ》きに退きて、ほとほとしくうちはめつべし。楫《かじ》取《と》りのいはく、「この住吉の明神は例の神ぞかし。ほしき物ぞおはすらむ」とは、いまめくものか。さて「幣《ぬさ》を奉りたまへ」といふ。いふにしたがひて幣たいまつる。かくたいまつれども、もはら風やまで、いや吹きに、いや立ちに、風波のあやふければ、楫

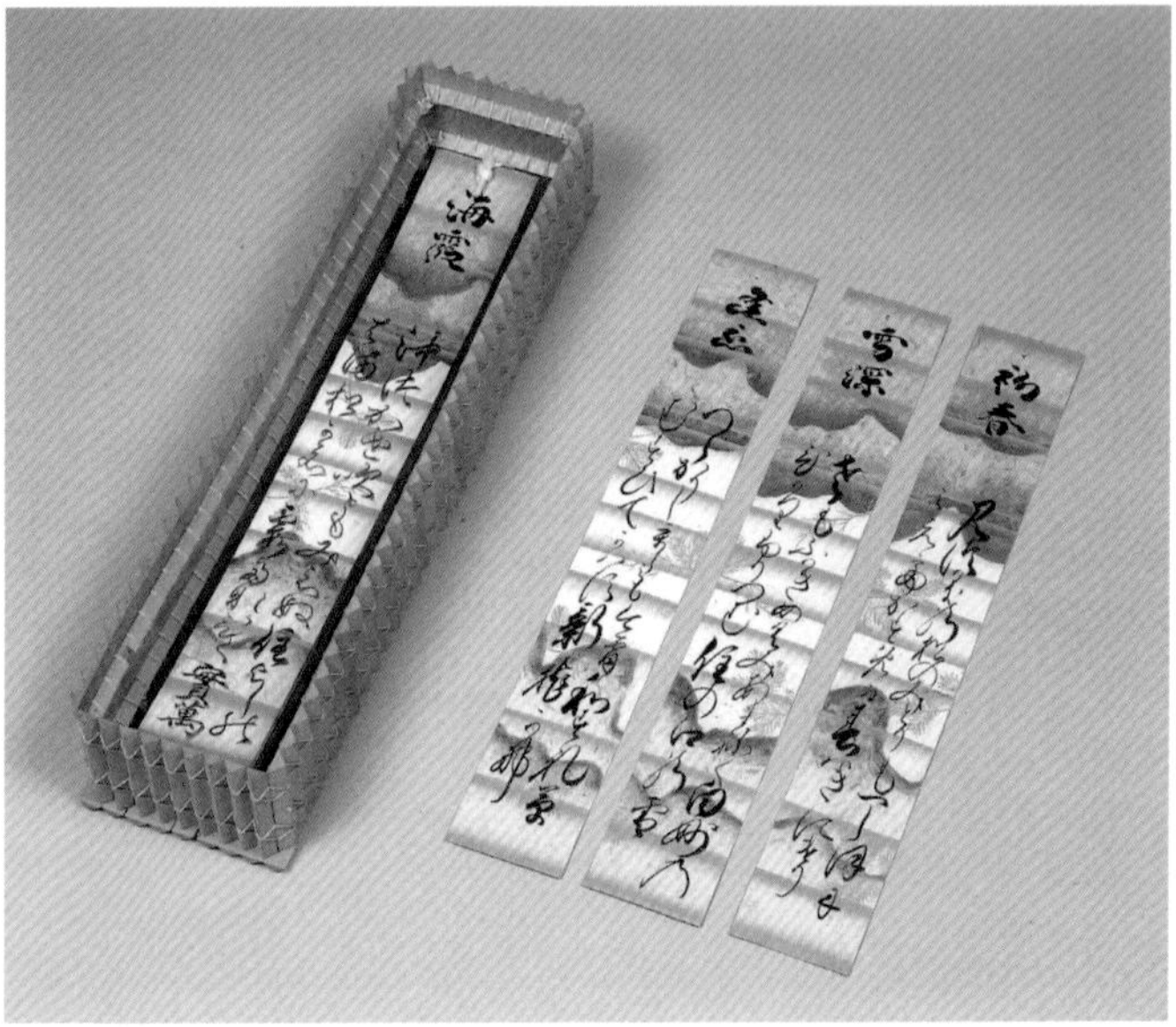

天保13年（1842）仁孝天皇「古今伝受後御法楽和歌短冊」

取りまたいはく、「幣には御心のいかねば、御船も行かぬなり。なほうれしと思ひたぶべき物たいまつりたべ」といふ。また、いふにしたがひて、「いかがはせむ」とて、「眼《まなこ》もこそ二つあれ、ただ一つある鏡をたいまつる」とて、海にうちはめつれば、口惜し。されば、うちつけに海は鏡の面のごとなりぬれば、ある人のよめる歌、

ちはやぶる神の心を荒るる海に　鏡を入れてかつ見つるかな

いたく、すみのえ、忘れ草、岸の姫松などいふ神にはあらずかし。目もうつらうつら、鏡に　神の心をこそは見つれ。楫取りの心は、神の御心なりけり。

石津のあたりから景色がよい浜の松並木を眺め、任国で亡くなった子どものことを偲ぶ歌を詠んでいると住吉の沖合にさしかかります。すると、急に風が吹いて船が前に進まなくなり、楫取りの言うには住吉の神に捧げ物を差し上げる必要があるとのことで、幣を奉ります。しかし、それでは神の御心にかなわず、貴重な鏡を海に沈めてようやく荒れていた海が静まったので、船を前に進めることができたということです。

『源氏物語』では、須磨に退居した光源氏が、三月上《じょう》巳《し》の祓《はらえ》で海浜に出て御禊《みそぎ》をし、暴風雨に襲われます。この嵐は数日続き、都からも天候の異変の知らせが届きます。さらに続く荒れた天気の中、源氏は住吉明神に多くの願を掛けますが、落雷で館の廊が焼けてしまいます。

ようやく嵐が鎮まると、夢のお告げを受けた明石入道が源氏を迎えに来て、彼の居館に移り、明石で暮らすようになります。その後、源氏の願いはかなえられ、二年数か月ぶりに都へ戻ることが許されることになります（須磨・明石）。

無事に京へ戻った光源氏は、お礼参りのため、住吉社を訪れます（澪標《みおつくし》）。

君は夢にも知りたまはず、夜一夜いろいろのことをせさせたまふ。まことに神のよろこびたまふべきことをし尽くして、来しかたの御願《ぐわん》にもうち添へ、ありがたきまで遊びののしり明かしたまふ。惟光やうの人は、心のうちに神の御徳をあはれにめでたしと思ふ。あからさまに立ち出でたまへるにさぶらひて、聞こえ出でたり。

（惟光）住吉の松こそものは悲しけれ　神代のことをかけて思へば

げにとおぼし出でて、

（源氏）「あらかりし波のまよひに住吉の　神をばかけて忘れやはする　験《しるし》ありな」

『絵入源氏物語』(澪標)

　　とのたまふも、いとめでたし。

夜通しさまざまな神事を奉納し、住吉の神の加護を感謝して和歌を詠みます。

その後、光源氏と明石の御方との間に生まれた明石の女御が嫁いだ東宮が帝になり、源氏の孫が新しい東宮になったのを機会に、再び源氏は住吉社への参詣を行います(若菜下)。

このように、王朝文学の舞台としてしばしば住吉大社が登場しています。

熊野街道と住吉大社

住吉大社の東側を通る南北の道は、もとの熊野街道です。平安時代後期からは熊野詣の参詣者たちが往来し、旅の途中に住吉大社へも立ち寄りました。

建仁元年(一二〇一)十月六日に、後鳥羽上皇の熊野詣の一行も住吉大社を参拝しました。上皇は、

　かくてなをかはらずまもれよゝをへて
　　此《この》みちてらす住吉の神

として、住吉の神が和歌の道を未来でも変わらず照らし続けるよう祈る歌を詠みます。上皇に同行し、はじめて住吉大社を訪れた藤原定家は、この歌に応じて、

　　社に寄する祝
　あひおひのひさしき色も常盤《ときは》にて
　　君が代まもる住吉の松

という、住吉の松がいつも青々としているように、住吉の神の御加護が続くことを祝う歌など三首を詠んだことを、その日記『明月記』に記しています。

住吉大社の祭礼

住吉大社の夏祭りについては、藤原実資《ふじわらのさねすけ》の『小右《しょうゆう》記《き》』天元五年(九八二)六月二十九日条に、「明日住吉走馬《はしりうま》、右馬寮《うめりょう》牽《ひき》いて之を進むべし」とあることから、六月晦日の祭りで走馬を行っていたことがうかがえます。

しかしこの記事だけで、詳しい祭りの様子は不明です。その様子が具体的にわかる最も古い史料は、文永年間(一二六四―七五)に記された『諸神事次第』です。六月晦日の荒和《あらにこ》ノ御祓《おはらい》には神輿一基が開口《あぐち》の宿院へ向かい、馬長・田楽・猿楽などが行列に加わった記述があります。現在は、八月一日に行われる堺への神輿渡御の記事です。

堺は古くから住吉社領であり、臨済僧の瑞溪周鳳《ずいけいしゅうほう》

反橋と大神輿

は『臥雲日件録《がうんにっけんろく》』文安四年（一四四七）八月十三日条に、自分は泉州堺の南に生まれたため、「住吉は乃《すなわ》ち氏神也」と記しています。

氏神は、本来同じ血のつながった一族が祭る神のことを指しており、同じ土地に住む人びとが祭る神は産土《うぶすな》神または産神とよばれていました。これは、土地の神を氏神と呼ぶ初期の記録です。

十六世紀に日本へやってきた外国人宣教師たちにとって、異国の祭りは非常に奇妙なものとして映りました。ルイス・フロイスは、永禄四年（一五六一）のガスパル・ヴィレラの報告を使って、堺への神輿渡御行列の様子を著書の『日本史』に詳しく紹介しています。そこには、多くの人びとが行列に参加していたことが記されています。

十七世紀の江戸時代になると、住吉大社の境内や周辺の景観を描いた屏風《びょうぶ》などが制作されます。そのなかには堺への神輿渡御を描いた作品もあり、華やかな行列の様子が描かれています。十九世紀前半に日本を訪れたシーボルトも、帰国後にまとめた著書の『日本』に、「浄めの祭（大赦）は六月の最後の日に行われ、日本で最も壮麗な祭である」と書き残しています。

現在は六月十四日に神田で苗を植え、田舞や住吉舞芸能が奉納される御田植神事も、『諸神事次第』の五月条に記されています。この当時は本殿前で植女が苗に見立てた松葉を植える所作をし、その後に神田へ移動して実際に苗を植え、猿楽や田楽が奉納されたといいます。

御田植神事

御伽草子と住吉の神

中ごろのことなるに、津の国難波の里に、おほぢとうばと侍り。うば四十に及ぶまで、子のなきことを悲しみ、住吉に参り、なき子を祈り申すに、大明神あはれとおぼしめして、四十一と申すに、ただならずなりぬれば、おほぢ喜び限りなし。やがて十月と申すに、いつくしき男子をまうけけり。さりながら生れおちてより後、背一寸ありぬれば、やがて、その名を、一寸法師《いっすんぼうし》とぞ、名づけられたり。

室町時代の『御伽草子《おとぎぞうし》』の「一寸法師」の冒頭の場面で、翁《おきな》と嫗《おうな》が子どもを授かるために住吉の神に祈るところから話が始まります。やがて住吉の神によって子供を授かりましたが、背の高さが一寸（約三センチメートル）しかなく、一寸法師と名づけられました。

一寸法師の椀

十二、三歳になっても一向に背が伸びない一寸法師は、両親から気味悪がられ、家を出る決心をします。乳母から針の刀に椀《わん》と箸をもらい、椀の舟に乗って住吉浦から旅立ちます。そして、都で三条の宰相殿に仕えるようになります。

十六歳になった一寸法師は、三歳年下の宰相の姫君を一目見て好きになります。謀《はかりごと》を巡らせて姫が継母から追い出されるように仕向け、ふたりで淀川から舟に乗って難波の海に下ります。

ところが大風のためにある島に流れ着き、そこで姫君は鬼に襲われます。一寸法師は鬼の体内に入って針の刀で戦い、あわてて逃げ出した鬼が残した打《うち》出《で》の小《こ》槌《づち》を手に入れます。小槌で身体を打つと、みるみるうちに背が大きくなって立派な若者となり、さらに食物や宝物も打ち出します。

こうしてふたりは再び京に戻り、その後天皇に仕えて一寸法師は中納言の位にまで昇ります。若君三人にも恵まれ、住吉の神の御加護で末代まで栄えたということです。

昔話の世界には、小さな姿で生まれた子どもが活躍する話が多く、これらの小《ちい》さ子《ご》を、種子から育っていく穀物の神とする説もあります。住吉大社は、農業の神としての信仰も集めるようになっていたのです。

江戸時代の住吉大社

江戸時代になると、住吉明神は紀州の玉津姫明神、柿本人麻呂とともに和歌三神として祭られるようになり、歌人だけではなく俳諧の文人も訪れるようになります。

大海神社幣殿の扉に描かれた廻船

貞享元年（一六八四）、三月に浮世草子《うきよぞうし》の『好色一代男』、四月に『諸艶大鑑《しょえんおおかがみ》（好色二代男）』を刊行した井原西鶴は、六月五日に住吉の社前で大矢数俳諧を催しました。「神力誠《しんりきまこと》を以《もって》息の根留《とむ》る大矢数《おおやかず》」を発句とし、一昼夜で二万三千五百句をひとりで詠んでいます。

松尾芭蕉も元禄七年（一六九四）九月十三日に住吉社を訪れたことが、同月二十五日付の門人水田正秀に宛てた書簡に記されています。

十三日は住よし（吉）の市に詣でゝ

枡買うて分別替る月見哉

壱合斗（升）一つ買申候間かく申候。少々取込候間、早筆御免。

この日は住吉社の「宝の市」（「升の市」）の日で、授与品の「升」を購入しましたが、この夜に行われた十三夜の月見は取り込みがあったため、断ったことを詠んだものです。体調が非常によくなかったことが本当の理由であり、芭蕉はこの翌月に大坂で亡くなります。

享保八年（一七二三）に京・大坂・江戸の書肆《しょし》二〇人が発起し、各地の書林も賛同して境内の本殿北側に住吉御文庫《おぶんこ》が建てられました。現在も、大阪の出版社を中心に大阪書林御文庫講が組織され、新刊書の奉納と御文庫の書物の虫干しなどを行っています。

和歌・文学の神としての信仰を集めていた一方で、海の神としての信仰も再び盛んになります。それは、出羽酒田から日本海沿岸と瀬戸内海を通って大坂、江戸を結ぶ西廻り航路の整備が行われ、海上輸送が盛んになったためで、海上安全の守護神としての信仰が廻船業の関係者の間にも広がっていきます。現在境内に立ち並ぶ六〇〇基をこえる石燈籠の多くは、商人仲間や船主などの廻船業者たちから奉納されたものです。

また武家の参詣もありました。大坂城代は、町奉行の案内で堺巡見の折に、住吉大社に立ち寄るのが恒例でした。城代が奉納した燈籠も境内に残っています。

コラム 住吉松葉大記

『住吉松葉大記《しょうようたいき》』は、社人の梅園惟朝《うめぞのこれとも》が元禄年間（一六八八—一七〇四）にまとめました。全二二冊で、住吉大神の出現・鎮座・摂末社・神事・神宝・造営・行幸・社災など二七の項目にわたってさまざまな史料を引用しながら詳述しています。中世以降の住吉大社を知ることができる貴重な書物です。

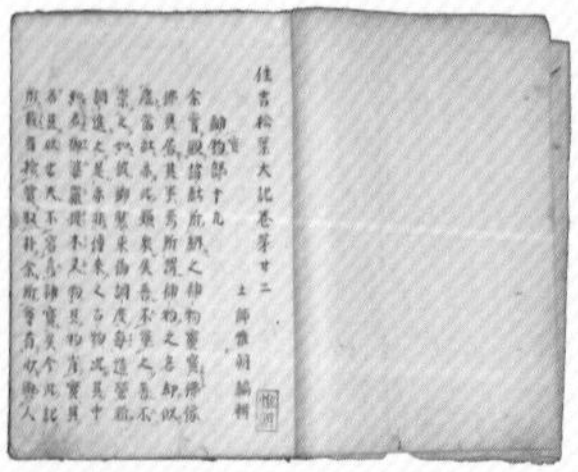
住吉松葉大記

明治維新と住吉大社

江戸幕府が倒れると、明治新政府から神仏分離令が出され、神社の中から仏教色を排除する廃仏毀釈《はいぶつきしゃく》が起こります。現在の住吉御文庫と大海《だいかい》神社の間の場所には、明治の初めまで住吉神宮寺がありました。

天平宝字二年（七五八）の創建で、江戸時代には本堂を中心に東西二基の大塔や常行三昧堂《じょうぎょうざんまいどう》・法華《ほっけ》三昧堂などの建物が並んでいました。神宮寺には社僧がつとめ、神輿の渡御行列にも参加しました。現在少女たちが奉納する住吉踊も、もとは社僧たちが踊っていたのです。

招魂社（旧護摩堂）

廃仏毀釈で明治六年（一八七三）に神宮寺の伽藍《がらん》は取り壊され、当時の仏教建造物は、境内に旧護摩《ごま》堂が招魂社として残るのと、徳島県阿波市の切幡寺《きりはたじ》に西の大塔が移築されて残っているだけとなりました。

また、境内もかつては十三間堀川《じゅうさんけんぼりがわ》（現在の阪神高速道路付近）までの広さがありましたが、紀州街道から西側はのちに大阪府営の住吉公園となり、新政府の通達で国に納めることになります。公園の中央を東西に走る潮掛け道の両側に住友家が寄進した石燈籠が並ぶのは、かつて境

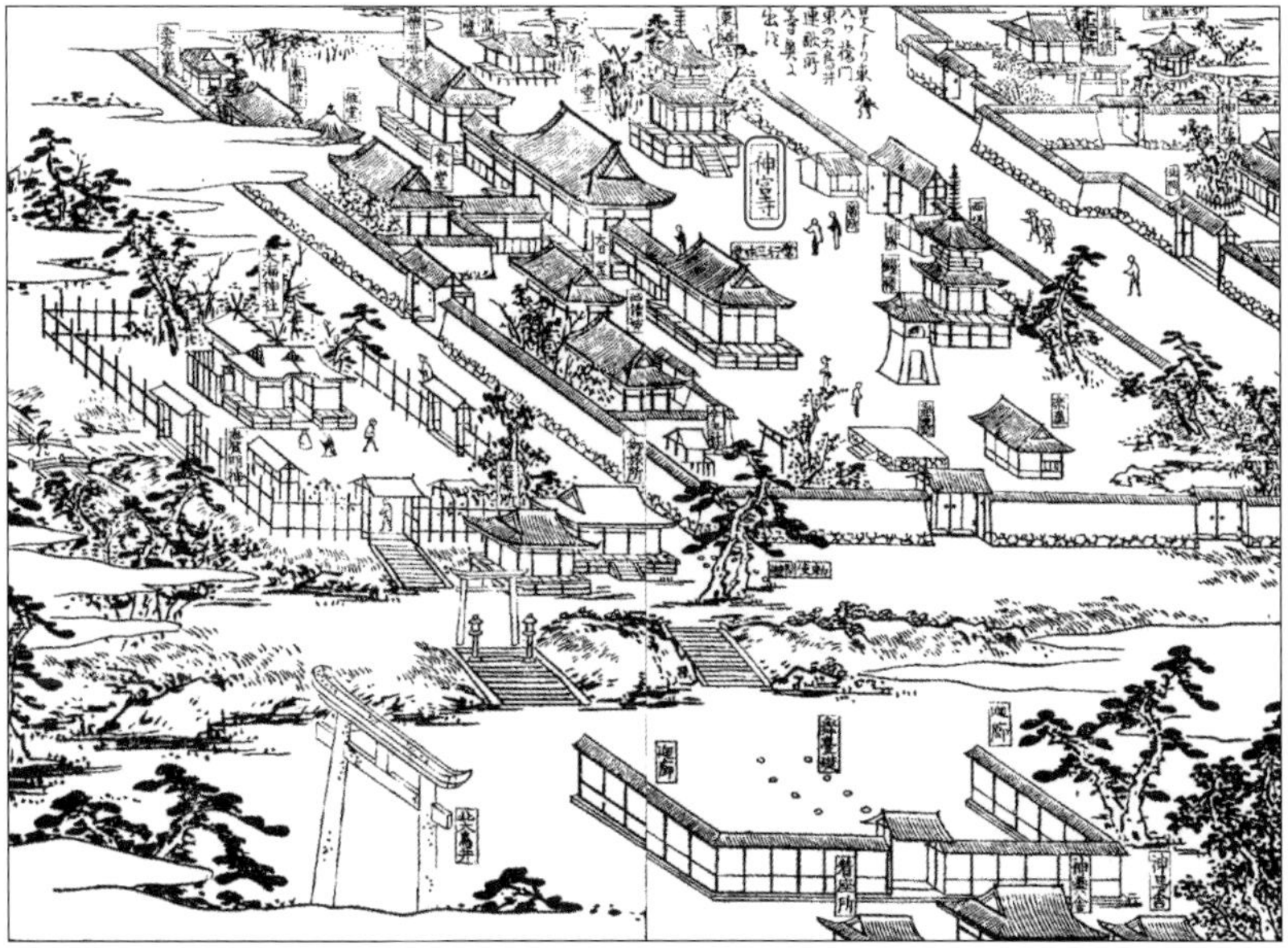
『住吉名勝図会』の住吉神宮寺

内地で表参道だった名残です。

　堺への神輿渡御も明治の初めに一時期中断し、その後日程を新暦八月一日に変えて再興され、他の神事も徐々に再興されました。

　大正から昭和にかけては境内の整備工事が行われ、昭和六年（一九三一）四月に竣工奉祝祭《しゅんこうほうしゅくさい》が催されました。この工事では社殿の増改築のほか、参道の葺石を敷設し、境内に散在していた石燈籠を西正面の電車道沿いに移して整備されました。現在の境内の景観はこの時に整ったものです（三四頁に当時の上空写真）。その直後の昭和九年九月の室戸台風で建物が倒壊するなど、台風や地震で境内に被害が及んだこともありましたが、そのたびに再建されて現在に到っています。

　平成二十三年（二〇一一）には御鎮座千八百年を迎えて記念大祭が行われ、全国二三〇〇社の住吉神社の総本社として、今も多くの参拝客が訪れています。

切幡寺大塔（旧住吉神宮寺西大塔）

昭和6年（1931）ごろの撮影
境内の西正面・電車道沿いの石燈籠
（住吉大社所蔵ガラス乾板写真資料）

【付記】

　住吉大社の社号は、昭和二十一年（一九四六）に改称されたもので、それ以前の記録には住吉社、住吉神社などの名称で記されていましたが、ここでは原則として住吉大社に統一しました。

北前船がむすぶ上方と北海道
―北海道江差に伝わる住吉神主の筆跡―

　近年の情報化社会は、誰もがスマートフォン等の電子端末を手にし、インターネットを利用して手軽に商品を注文するようになりました。その結果、ネット宅配の爆発的な増加となり、それを支える物流業者との軋轢が生まれるなど、昨今の生活スタイルの変化と共に社会問題ともなっています。

　現代の国内物流はその大半が陸運に頼っており、その主役はトラックや鉄道などの貨物輸送から、自動車やバイク便などの配送によって支えられています。文明の輸送機械が登場するまでは、人力や牛馬の運搬でしたが、輸送力としては限られたもので、物資輸送の主役は水運・海運でした。

　かつて、河川や水路・運河を利用した舟の運送は身近な存在でした。また、全国的な輸送では沿岸航路による海運で物流が支えられていました。当時の経済産業の中心地、上方（大坂・京都）では廻船問屋が活躍し、大坂から蝦夷地（北海道）をむすぶ西廻り航路の「北前船」や、大坂・江戸間を航海する菱垣廻船・樽廻船などを運用し、東西にわたる物流の主役となっていました。

　北前船は明治時代の中頃まで活躍しましたが、大阪を起点にして瀬戸内海、日本海、北海道へと至る航路を往来し、日本における物流の大動脈となりました。なお、上方からは酒・たばこ・衣料・食品など日用品が運ばれ、北海道からは昆布・ニシン・ヒバ材などがもたらされました。また、各寄港地の産物も売買するなど、今日の商社の役割も果していたようです。広範囲におよぶ輸送網は一大経済圏を形成することとなり、寄港地を含めた各地域との文化交流にも大きな貢献があったことはいうまでもありません。

　ところで、北前船の終着点ともいうべき寄港地・江差《えさし》（北海道檜山郡江差町）は、かつてニシン漁で栄えた港町でした。民謡の江差追分《おいわけ》でもよく知られる当地は、鎌倉期の創建とも伝えられる姥神《うばかみ》大神宮（天照大御神・住吉大神・春日大神）が鎮座しています。渡島国一宮で北海道最古の神社といわれる当社では盛大な渡御祭が行われ、往時の隆盛を物語る豪華な山車《やま》が町内を練ることでもよく知られます。

　祇園祭の流れを汲む伝統の祭礼は、神功皇后の「神功山」をはじめ一三基の山車で構成されますが、その中に唯一船型の「松寶丸《まつほうまる》」と称する山車があります（北海道指定有形民俗文化財）。松寶丸は、船体胴内の裏書によれば、弘化二年（一八四五）三月に大

江差・姥神大神宮の山車（松寶丸）

坂で建造され、松前藩主第十二代昌広によって命名されたもので、その正面には扁額《へんがく》が掲げられています。

もろ人も　神の恵をうけて程
まうてと申され　住よしの宮　従三位国福

この「従三位国福」とは、住吉神主第七十三代の津守国福《つもりくにとみ》（一八〇〇－一八六八）のことです。その詠歌と揮毫《きごう》が扁額として掲げられ、そのほかの山車とは格式を別にしていることに注目されます。近在の檜山神社境内にて大切に奉安され、祭礼時には江差の陣屋町・海岸町の住民によって練り曳かれています。

津守国福筆の扁額

北前船の終着点・江差の地において住吉大社ゆかりの山車が曳き継がれていることは、時代と距離を超えた人々の足跡に想いを馳せることができます。

住吉大社の境内には、かつての廻船問屋によって奉献された石燈籠が六百数十基も林立しており、日本各地の地名や産物が刻まれたものも多く、海運で栄えた江戸時代をうかがう生きた史料ともなっています。もちろん、これらは物流を支えた海運において全国的に展開された住吉信仰の証といってもよい文化遺産でもあります。

ちなみに、住吉大社には北前船商人の奉納による衝立《ついたて》が所蔵されています。これは廻船業の豪商として名をはせた近江商人の「松前 又十柏屋」（二代目藤野喜兵衛）奉納によるものですが、精巧な作り出しによって北前船の渡海を模った見事な作品で、松前藩の漁場請負人となり千島列島から渡島半島に至る北海道全域の漁場を手中にした豪商の足跡がうかがえるものです。

北前船で栄えた日本海側の港町は、現在その多くが人口流出による過疎や経済的衰退などの危機に面しています。その反面で、往時の隆盛を物語る都市景観や伝統的祭礼を今日に遺している土地も数多く存在しています。観光の招致や、都市の魅力を引き出すためにも、北前船がむすび伝えた文化と歴史にも新たな光をあてる必要がありそうです。

第二部

「すみよっさん」の境内を巡る

左奥から第一・第二・第三本宮、右が第四本宮

大阪の人びとは住吉大社のことを、「すみよっさん」と親しみを込めてよび、毎年正月には大勢の初詣客が約三万坪の境内を埋めつくします。現在は海岸線から遠く離れていますが、かつては社前がすぐ海で、大阪湾に面した神社でした。そのため、社殿も海を向いた西向きに建てられています。

南海電鉄の住吉大社駅を下車すると、石燈籠が立ち並ぶ参道がすぐ前にあり、東側へ目を向けると、西の大鳥居が見えます。

阪堺電車が通る道路は紀州街道で、参拝客はそれを渡って西の大鳥居をくぐり、正面の反橋を渡って本殿に進みます。

境内正面から順に、時計回りに案内します。

境内正面

❖一の鳥居（西大鳥居）

住吉大社は海に面した神社のため、西大鳥居が一の鳥居になっています。海側からは、一の鳥居の向こうに反橋と本殿（三棟）が一直線に並んでいます。

❖反橋《そりはし》（通称太鼓橋）**と神池**

正面神池に架けられた神橋は反橋とよばれ、住吉大社を表す景観として古くからよく知られています。長さ約二〇メートル、高さ約三・六メートル、幅約五・五メートルで、最大傾斜は約四八度になります。この橋を渡るだけで「お祓《はら》い」になるとの信仰もあり、多くの参詣者がこの橋を渡って本殿にお参りします。

現在の石造橋脚は、慶長年間（一五九六―一六一五）に淀殿（豊臣秀吉の妻）が子の秀頼の成長祈願のために奉納したと伝えられています。

かつての「反橋」は足掛けの穴が空いているだけで、下の池の水面が見えました。川端康成は、『反橋』（昭和二十三年（一九四八））の中で、「反橋は上るよりもおりる方がこはいものである、私は母に抱かれておりま

一の鳥居（西大鳥居）

反橋

した」と記しています。

古代には大阪湾の入江がこの辺りまで広がっており、神池はそのころの名残だといわれています。

❖誕生石《たんじょうせき》（薩摩藩の始祖の誕生地）

鎌倉時代のはじめ、源頼朝の寵愛を受けた丹後局《たんごのつぼね》が、北条政子から逃れるために摂津住吉へ来たところ、社頭で産気づき、傍らの大石を抱いて男児を出産しました。

これを知った源頼朝は、その男児が成長すると薩摩・大隅の二か国を与えました。これが島津氏初代となった島津忠久です。

この伝説から、住吉社頭の力石は島津氏発祥の地とされ、囲いの中にある小石を持ち帰って安産の御守とする信仰があります。

誕生石

❖角《かく》鳥居

反橋を渡ったところは石畳となっていて、左側に手水舎《ちょうずしゃ》があります。ここで手を洗って口を漱《すす》ぎ、正面の石段を上がると丹塗《にぬり》の四足《しそく》門があります。門の前の石鳥居は柱が四角の角鳥居で有栖川宮幟仁親王《ありすがわのみやたかひとしんのう》の扁額《へんがく》が掲げられています。

❖本殿（第一本宮～第四本宮）

底筒男命《そこつつのをのみこと》をまつる第一本宮、中筒男命《なかつつのをのみこと》をまつる第二本宮、表筒男命《うわつつのをのみこと》をまつる第三本宮が東西縦一列に並び、息長足姫命《おきながたらしひめのみこと》（神功皇后《じんぐうこうごう》）をまつる第四本宮が、第三本宮の南隣に並ぶ建物の配置になっています。

角鳥居と幸寿門

建物の形式は住吉造《すみよしづくり》とよばれ、屋根は桧《ひのき》の皮を敷き詰めた檜皮葺《ひわだぶき》で妻入式の切妻造《きりづまづくり》、室内は外陣《げじん》と内《ない》陣《じん》の二間に分かれ、柱は丹塗《にぬり》、壁は牡蛎《かき》などの貝殻を磨り潰した胡粉塗《ごふんぬり》になっています。この平面構造は、天皇の即位儀礼の大嘗祭《だいじょうさい》で造営される大嘗宮《だいじょうぐう》と類似した構造だとの指摘があります。

住吉大社遷宮の記録は「天平勝宝元年（七四九）造住吉社」（『興福寺年代記』）とあるのが初見で、戦国時代までは約二〇年ごとに建て替えが行われていました。現在の建物は文化七年（一八一〇）に造営されたもので、国宝に指定されています。

第二本宮

第一本宮

❖侍者社《おもとしゃ》

第二本宮南方の神饌所にまつられており、祭神は、初代神主の田裳見宿禰《たもみのすくね》とその妻です。食事を本宮の神前に供える際には、まず侍者社に先に供え、その後に本宮に供えることになっていました。住吉大神のそばでまつられていることから、侍者とよばれるようになったといわれています。

近年では、「神と人」の仲をとりもつ役目を担ったことから、縁結びの神として信仰されています。

本殿の金扉

侍者社

❖住吉神兎《うさぎ》（なでうさぎ）

第四本宮前にあり、「なでうさぎ」とも呼ばれています。住吉大社の鎮座が辛卯年卯月卯日だと伝えられることから、兎は神様の使いとされており、この兎の体をなでて、無病息災を祈願します。

住吉神兎

境内北側

❖大海神社《だいかいじんじゃ》（海の神）

本宮域の北側に鎮座する大海神社は、摂社の中でも最も社格が高く、住吉の別宮と称えられています。

祭神は、海幸山幸神話の海宮の龍王とその娘にあたる豊玉彦《とよたまひこ》と豊玉姫《とよたまひめ》の二神です。

社殿は本社と同じ「住吉造」の本殿で、現在の四本宮の建築よりも古い宝永五年（一七〇八）ごろに造営され、幣殿《へいでん》、渡殿《わたりでん》、西門とともに国の重要文化財に指定されています。幣殿奥の扉絵には、海の幸と船の絵が描かれています（一六頁）。

社前にある井戸は「玉の井」とよばれ、山幸彦が海神より授かった潮満珠《しおみつたま》を沈めたところと伝えられます。

大海神社

❖志賀神社《しがじんじゃ》

大海神社に並んで西面しており、ひとつの社殿内に底津少童命《そこつわたつみのみこと》・中津《なかつ》少童命・表津《うわつ》少童命の三神がまつられています。住吉大神である筒男《つつのを》三神が主として航海、港湾守護の神であるのに対し、少童神は海そのものの霊威を持つ神として信仰されています。

志賀神社

❖種貸社《たねかししゃ》

初辰まいりで最初に参拝する神社で、『延喜式』神名帳、『住吉大社神代記』に多米神社と記されています。

もとは稲の籾《もみ》を授かって豊穣を祈る信仰が、商売の元手や元本を増やす、あるいは子宝が授かるという信仰に発展していきま

種貸人形

種貸社

した。毎年三月十七日の祈年祭に先立って、五穀の種をお祓いして農業関係者に分与する神種頒賜祭《かんざねはんしさい》が行われます。

❖児安社《こやすしゃ》

江戸時代までは第四本宮の南にまつられており、神功皇后とともに安産・子授けの神として信仰されていました。現在は種貸社の東隣に移され、子守神としてまつられています。

児安社

❖住吉御文庫《おぶんこ》

享保八年（一七二三）九月、三都（大坂・京都・江戸）の書肆《しょし》二〇人が発起し、各地の書林（本屋）が賛同して創建され、まず五七五部の書籍が奉納されました。

白壁土蔵造の二階建ての建物で、その後も宝暦・明和・安永・天明・寛政・享和の各年に書籍が奉納されました。現在も大阪を中心とする出版社が御文庫講を組織して新刊書を奉納するとともに、虫干しなどの奉仕を行っています。

住吉御文庫

収蔵数は約五万冊、『住吉大社御文庫目録』（国書漢籍・洋装本）によってその詳細を知ることができます。

❖住吉神宮寺跡

住吉御文庫と大海神社の間の神苑には、かつて住吉神宮寺がありました。天平宝字二年（七五八）の創建で、江戸時代には東西の大塔や多くの建物がありましたが、明治初年の神仏分離で廃されました。現在の招魂社は、もとの護摩堂の建物です。西大塔も移築され、徳島県阿波市の切幡寺《きりはたじ》の大塔として残っています（一八頁）。

住吉神宮寺跡

❖住吉大社吉祥殿

平成三年（一九九一）に建てられました。伝統的な破風《はふ》造りの外観の建物で、館内の構造には可動式壁面を導入し、結婚式の披露宴や住吉大社セミナーなどさまざまなイベントに利用されています。

住吉大社吉祥殿

コラム 住吉鳥居

一般的な鳥居は、二本の柱を立て、一番上に笠木と島木（島木がないものもある）を横に渡し、その下にもう一本、貫《ぬき》を渡して柱を固定します。種貸社の前の石鳥居は、四角の柱で貫が柱から左右に出ていません。この形式の鳥居は、住吉鳥居とよばれています。

なお境内には、一の鳥居（西大鳥居）や角鳥居など、この形式ではない鳥居もあります。

境内東側

❖高蔵

第一本宮の裏側に、二棟建っています。東大寺正倉院と同じ校倉造《あぜくらづくり》の建物で、宝物類の保管に使われました。豊臣秀頼が、慶長十一年（一六〇六）に寄進しました。

❖楠珺社《なんくんしゃ》

初辰《はったつ》まいりの中心的な神社で、「はったつさん」とよばれて親しまれています。樹齢千年を超える楠があり、根元に祠を設けてまつるようになったのが始まりとされています。

参拝の際に、招き猫の土人形を受け、これを四八か月間（四年間）続けると「始終発達《しじゅうはったつ》」（四十八辰）の福が授かるとされています。

招き猫の左手は人招き（家内安全）、右手は金招き（商売繁盛）といわれ、奇数月は左手、偶数月は右手をあげた招き猫を求める慣習があります。

高蔵

招き猫

楠珺社

コラム　初辰参り

初辰は、毎月最初の辰の日のことです。この日に参拝すれば、商売発達・家内安全に、より一層力を授かると信じられており、早朝から大勢の参拝客で賑わいます。参拝は、種貸社・楠珺社・浅澤社・大歳社の順にまわるのがよいとされています。

❖若宮八幡宮《わかみやはちまんぐう》

五所御前の南側にある摂社の若宮八幡宮は、第四本宮の祭神である神功皇后の子の応神天皇（八幡神）をまつり、一月十二日例祭には、湯立神楽が奉納されます。扉絵には、松と八幡神の使である白鳩が描かれています。

若宮八幡宮

❖五所御前《ごしょごぜん》（五大力石《ごだいりきいし》）

第一本宮南側に位置し、住吉大社の鎮座の際、最初に神霊をまつった場所だと伝えられます。「五」「大」「力」と書かれた石を拾って御守に

五大力石

すると願い事がかなうという信仰があります。体力・智力・財力・福力・寿力が授かるといわれており、この石を御守として持ち帰り、願い事がかなった際には、近所の小石に感謝の気持ちを込めて「五」「大」「力」と記し、五所御前で拾った石とともに倍にして返すことになっています。

五所御前

境内南側

❖石舞台《いしぶたい》

南門をくぐったところにある石舞台は、慶長十二年（一六〇七）に豊臣秀頼の寄進で造営されました。東西の楽所や南門とともに国の重要文化財に指定され、五月の卯之葉《うのは》神事にはこの舞台で舞楽が奉納されます。

石舞台

石舞台（卯之葉神事の舞楽）

❖住吉武道館

昭和五十六年（一九八一）に建てられ、弓道や剣道・柔道や茶道などの文化教室が開かれています。

住吉武道館

❖神館《しんかん》

大正四年（一九一五）大正天皇の御即位大礼を記念して建立されました。御殿造の木造建築で、内部に上段の間（貴人の席）が設けられました。

神館

❖**御田《おんだ》**

約二〇アール（約六〇〇坪）の広さがあり、毎年六月十四日の御田植神事が行われます（一四頁）。秋に収穫した新米は、一年間の祭りで神前に供えられます。

御田

御田刈

❖**船玉神社《ふなたまじんじゃ》**

神館の前庭にある船玉神社は、『延喜式』にも記載された古社で、船の守護神として信仰を集めてきました。近年では、飛行機の安全を守る神としても信仰を集めています。社殿の扉絵には、日本古来の菱垣廻船や西洋型帆走船、上部には二機の飛行機が描かれています。

船玉神社・扉絵

❖**市戎社《いちえびすしゃ》・大国社《だいこくしゃ》**

神館の前庭、五月殿《さつきでん》の隣にあり、住吉の「えべっさん」として商売繁盛の信仰を集めており、毎年正月九日、十日には大勢の参詣者で賑わいます。鎌倉時代の記録に江比須社が見える古社で、向かって左に事代主命（えびす）、右に大国主命（だいこく）がまつられています。

市戎社・大国社

境内周辺の名所と境外末社

❖浅澤社《あさざわしゃ》

東大鳥居の南東にあり、住吉の弁天さまともよばれています。浅澤沼の中にまつられ、燕子花《かきつばた》の名所として『万葉集』にも詠まれました。美容・芸能の守護神として、とくに女性の信仰を集めています。

❖大歳社《おおとししゃ》

初辰まいりで最後にお参りする神社で、五穀収穫の神として信仰されてきました。江戸時代には、節季ごとに掛売の代金を無事集金できるとして商人に信仰されるようになりました。

浅澤社

大歳社

❖おもかる石（大歳社境内）

大歳社の敷地内のおいとぼし社の祠《ほこら》の前にあり、願い事がかなうか否かを占います。占い方はまず参拝（二拝二拍手一拝）したあと、石を持ち上げて重さを確認します。次に石に手を添えて願掛けをして、もう一度石を持ち上げます。
二回目に持ち上げた方が軽く感じると、その願いごとはかなうとされています。

おもかる石

❖住吉公園

もとは住吉大社の境内地でしたが、明治六年（一八七三）八月、明治新政府の通達によって、公園に指定されました。当初は、住吉大社の境内から現在阪神高速道路が通る十三間堀川まで含まれましたが、のちに境内地と民有地が切り離されました。現在の公園は、大部分が国有地になっています。

住吉公園（左右とも）

❖住吉高燈籠《たかとうろう》

鎌倉時代に創建されたと伝えられ、当初は神社の常夜燈だったのが、次第に海に面した航路標識としての役割が大きくなりました。戦後に台風の被害を受けたことや道路の拡張などで解体されましたが、昭和四十九年（一九七四）、元の位置から約二〇〇メートル東側の現在地に、鉄筋コンクリート造りで再建されました。高さは二一メートル。

住吉高燈籠

❖港住吉神社（大阪市港区築港一丁目）

境外末社の港住吉神社は、大阪港の守護神として天保山にまつられていましたが、大正六年（一九一七）、運河建設のために現在の地に遷されました。

氏子のほかにも、海に関わる企業や漁業関係者に信仰されています。

港住吉神社

❖堺宿院頓宮《しゅくいんとんぐう》（堺市堺区宿院町東）

古くから夏祭の御旅所《おたびしょ》として、神輿がこの地へ渡御しました。その際に、隣接する飯匙堀《いいがいぼり》で荒和大祓神《あらにごのおおはらいしん》事《じ》が執り行われます。飯匙堀は海幸山幸《うみさちやまさち》神話に登場する山幸彦（彦火火出見尊《ひこほほでみのみこと》）が所持していた潮干珠《しおひるたま》を埋めた所と伝えられる空堀で、形が飯匙（しゃもじ）に似ていたことからこの名があります。

もとの社殿は昭和二十年（一九四五）七月十日未明の堺大空襲で焼失し、昭和二十四年に再建されました。

宿院頓宮

コラム

住吉土人形（住吉人形）

江戸時代後期から昭和時代初期にかけて、住吉参りの代表的な土産物として盛んに製作されました。何度か中断や復刻を繰り返し、現在は神社の授与品として残っています。それぞれの人形によって、御利益が異なります。

十二支人形

千足猿（立身出世）

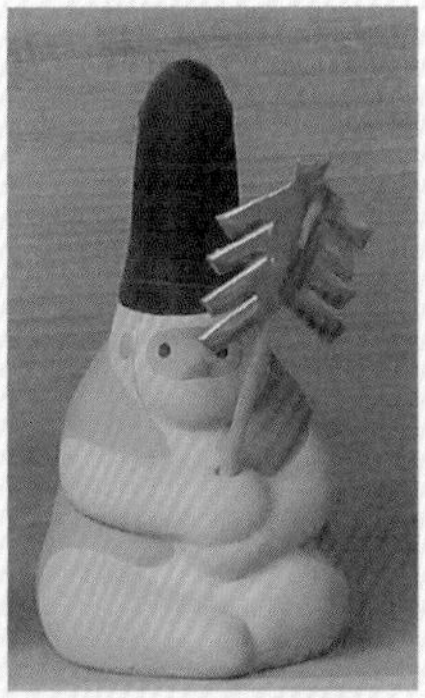
厄除ざる（厄除祈願）

狛犬《こまいぬ》（魔除・足止）

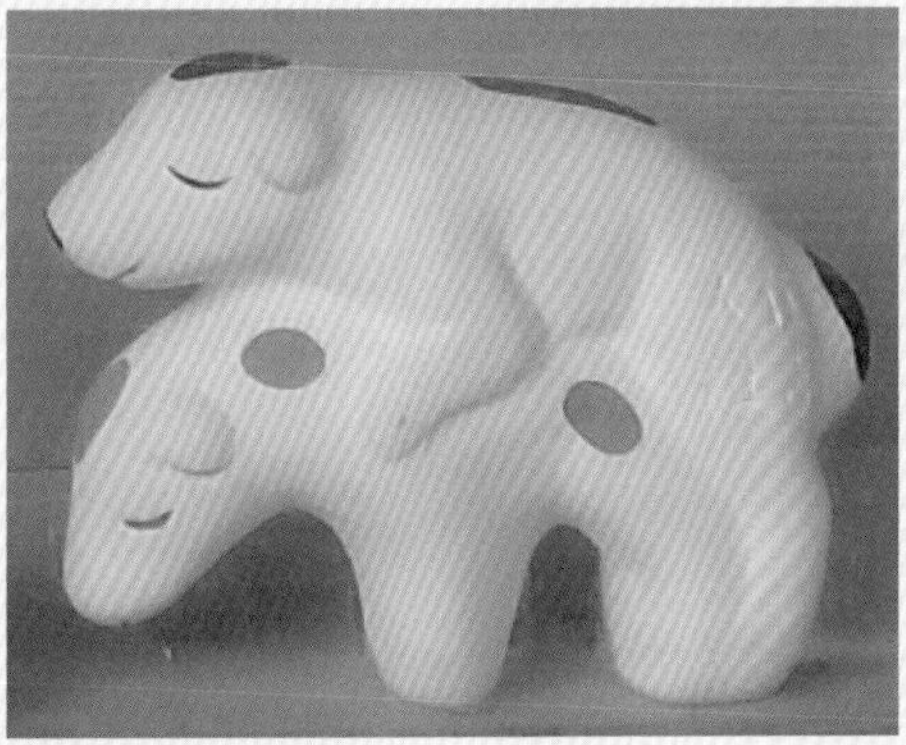
睦犬《むつみいぬ》（安産・腰痛除）

侍者《おもと》人形（侍者社・良縁成就）

裸雛《はだかびな》（侍者社・夫婦円満）

種貸《たねかし》人形（種貸社・子宝）

初辰《はつたつ》宝船（楠珺社・商売発達・開運招福）

住吉祭　反橋を
渡る大神輿

昭和６年(1931)ご
ろに上空から撮影

第二部

石燈籠探訪

境内西面の石燈籠

住吉大社を訪れると、多数の石燈籠が立ち並んでいるのを目にします。境内と周辺を含めると六四〇基もの数があります。その多くは十七世紀後半から十九世紀、江戸時代前期から明治の間に造立されたものです。

これらは京・大坂・堺の商人を中心に、さまざまな業種仲間が全国各地の取引先の商人たちと共同で資金を集め、商品の輸送に関わった廻船問屋や船主なども航海の安全を祈って寄進しました。それらの石燈籠の中から、特徴的なものを紹介します。

最も巨大な石燈籠・最も高い石燈籠

住吉大社の燈籠には、江戸時代より灯台の役目をはたしていた高燈籠《たかとうろう》があります。高さ二一メートルもの木造燈籠でありましたが、昭和二十五年（一九五〇）のジェーン台風で破損し、昭和四十九年（一九七四）に鉄筋コンクリートによって、約二〇〇メートル東の住吉公園に同型同大で再建されたものです（三二頁）。

しかし、石燈籠のなかで最も巨大なものは、表参道入口北の玉垣内に立つ「うつほ干鰯《ほしか》仲間　石燈籠」で、問屋五八名によって明治二十三年（一八九〇）に奉納されています。

高さは約一一・五メートル、笠は二・五メートル四方、両基を据える上から四段目の基壇は横九・七、奥行五・四、高一・二メートル、すべて四角の住吉型石燈籠で、大きな花崗岩《かこう》を用いた重厚なものであります。

江戸時代の大坂四大市場は、堂島の米市場・天満の青物市場・雑喉場《ざこば》の生魚市場・靭《うつぼ》の海産物市場で、干鰯仲間は肥料問屋たちです。

うつほ干鰯仲間寄進

最も高い石燈籠としては、南絵馬殿の南側に立つ「和州吉野郡材木商人中」の石燈籠です。安政五年（一八五八）に世話人の吉野三名と大坂二名の問屋によって奉納されたもので、石工の和泉屋四郎兵衛の名が刻まれています。

高さ約一二メートルに及ぶ春日型石燈籠二基の優美な姿は、美術的にも貴重な遺産であるともいえます。

コラム　石燈籠

石燈籠の各部分の名称は、次の通りです。一般的な石燈籠は、笠と中台の部分が上から見ると六角形で、竿（柱）は円柱になっており、春日型燈籠とよばれます。それに対して、住吉大社の石燈籠は写真のように、笠と中台が四角で、竿も四角柱のものが多く見られます。

全体を支える最下部の土台を基礎とよびますが、さらにその下に基壇を加える場合もあります。住吉大社には、対の二基を基壇の上に並べた燈籠や、修復や再建のたびに基壇を積んで高さを増した燈籠があります。

泉州四郡油屋中寄進

和州吉野郡材木商人中寄進

吉野は杉の特産地で、良質のものは吉野杉と称され、建材はもとより酒樽《さかだる》に多く使用されていたことから、醸造業が盛んであった堺や西宮などの需要が多く、吉野の林業や地元大坂の材木問屋が隆盛であったことを物語る大きな美しい石燈籠です。

油関係の石燈籠

住吉の地は、日本で最初に灯明油《とうみょうあぶら》（灯火油《ともしびあぶら》）を生産したという伝説の地です。住吉大社のご鎮座に際して、神功皇后が住吉の遠里小野《おりおの》に油田《あぶらた》を定められ、神前に用いる灯明油の生産をはじめたと伝えられています。また、古くは榛《はしばみ》の油であったようですが、近世には我が国で初めて菜種油《なたねあぶら》を発明し、その発祥地である遠里小野は諸国に名が知られました。

そのため、住吉大社は京都の離宮八幡宮とともに〝油の神様〟として信仰を集めました。それを物語る四対八基の石燈籠が境内に残っています。

一つ目は、南脇参道の南側にある大坂天満東郷の菜種絞《しぼり》油《あぶら》屋のもので、天保十五年（一八四四）六月の建立です。基壇は二段組、高さ約三メートル、花崗岩製の住吉型燈籠です（五七頁右）。

大阪絞油屋仲間寄進

二つ目は、正面参道入口の左側にある泉州四郡油屋のもので、安政五年（一八五八）二月の再建です。基壇三段、高さ約四メートル、こちらも同じく花崗岩製の住吉型燈籠です。再建世話人の名前には、泉州の貝塚・高石・富秋・積川・岸和田・信達・福田北庄・沢村・佐野の地名があります（三七頁コラム）。

三つ目は、阪堺電車沿いの北角鳥居前にある大阪絞油屋仲間のもので、安政六年（一八五九）六月の建立です。基壇四段の上に立つ高さ六メートル、花崗岩製の春日型燈籠で、六角形の笠が特徴です。大坂の天満郷・南郷・安治川の世話人と絞油屋など七二名が列記されています（右の写真）。

四つ目は、北側参道（乾参道）南側にある大阪魚油《ぎょゆ》中のもので、文久元年（一八六一）六月の建立です。基壇は二段、高さ約三メートル、花崗岩製です。魚油とは主に鰯《いわし》を原料とした油で、安価な灯明油として庶民に用いられました（五七頁左）。

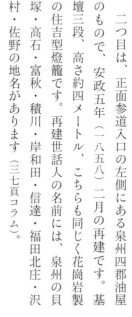

油に関する余談として、摂社船玉《ふなだま》神社には素晴らしい扉絵があり、和船と二隻の西洋型帆船が描かれています（三〇頁）。原画は明治十年（一八七七）ごろの制作ですが（現在の扉絵は菅楯彦《すがたてひこ》による補筆）、向かって左側の帆船は国産初期の西洋型帆船「十八丸」（藤永田造船所）で、東京と大阪の蠟《ろう》・油問屋が共有していた持船でした。

越中締綿荷主廻船中の石燈籠

神社前の紀州街道を走る阪堺電車の上町線と阪堺線が分岐する住吉駅前から、吉祥殿前へ延びる乾参道入口の北側に、安政三年（一八五六）に奉納された高さ六・六メートルの花崗岩製「越中締綿《しめわた》荷主廻船中」石燈籠一対二基が立っています。

六角の春日型をもとに考案された独特の意匠は、太く大きく雄大精巧です。四角い基壇二段の上に立つ丸い竿《さお》（柱）の太さは二抱えもあり、笠も重量感にあふれ、蓮弁《れんべん》・請花《うけばな》・蕨手《わらびて》や献燈の文字などの彫刻は深く美しい。特に中台側面の波間を飛ぶ兎の浮彫《うきぼり》も六面とも異なった図柄で、表情の豊かさは石工「みかげや新三郎」の技術の高さを見ることができます。

越中締綿荷主廻船中寄進

北基は堺・大阪の締綿《しめわた》問屋・総船頭衆など一三名、南基は堺・大阪の締綿問屋など一三名が刻まれています。全国第一の生産地であった河内、和泉や摂津・平野の綿は上質であったので、越中では特に「締綿《しめわた》」と称しました。それに対して中国地方生産の綿を「玉《たま》綿《わた》」と称して区別し、市場も別々に営まれていました。

日本海側随一の綿集散地として栄えた高岡の綿問屋は、堺や大坂の港から廻船で越中に運び、それを地元の農家で紡ぎ、新川木綿や高岡染として全国に販売してその名を広めました。

高岡には、越中の綿花交易とともに堺の先進産業であった鉄の加工や醸造の技術も伝わり、高岡を鋳物や味噌・醤油・酒などの名産地へと発展させ、地域の繁栄をもたらしたと評価されています。

航海守護神の住吉大社への石燈籠奉納は、深い敬神崇祖の心だけでなく、さまざまの物語を示すゆかりのものです。

さんけい道の石燈籠

阪堺電車の住吉駅の分岐から境内に至る乾参道入口のロータリーには珍しい形の石燈籠があります。燈籠の笠と火袋が四角柱石標の上に載った形式で、土佐藩住吉陣屋の「大部家（屋）」たちの奉納によるものです。総高三二五センチメートル、四角柱の高さだけでも二〇六センチメートル、幅六〇センチメートル四方の花崗岩製ですが、電車路に面しているため錆《さび》による赤味を帯びています。

正面　さんけい道

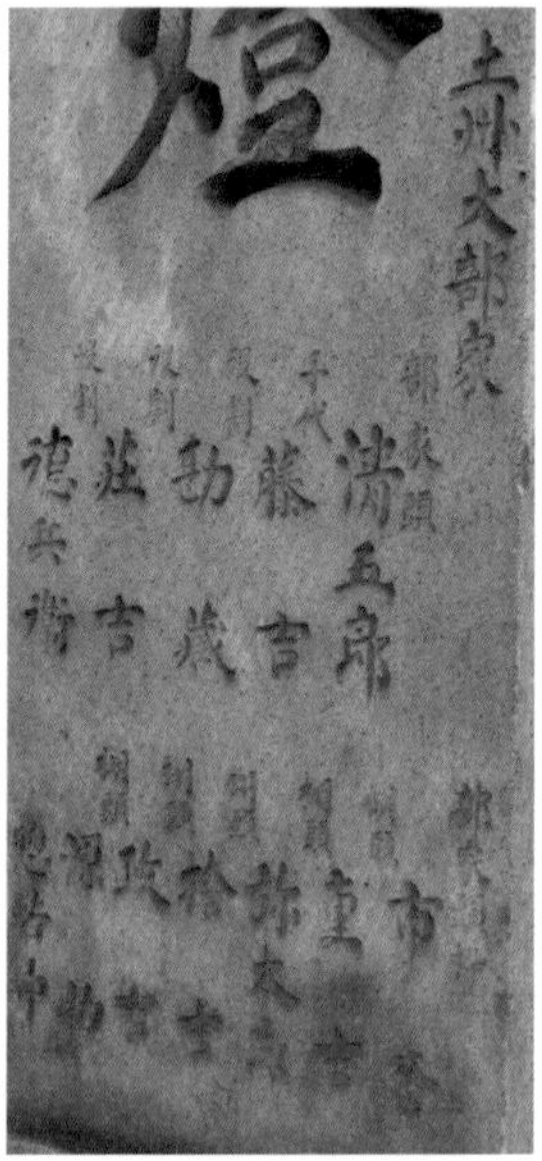

さんけい道の石燈籠（背面）

左面　維時慶應二丙寅天三月吉祥日
右面　執次　山上茂太夫／岩田平七　土堤内清五郎　内川徳兵衛　小山卯之助
背面　常夜燈／土州大部家　部屋頭清五郎　手代藤吉　役割勘蔵　役割荘吉　役割徳兵衛／部家頭倅市松　棚頭重吉　棚頭弥太郎　棚頭捨吉　棚頭政吉　棚頭源助　惣若中／（左面）棚頭卯之厺

ペリーの黒船来航の翌年、嘉永七年（一八五四）大坂天保山沖にロシア軍艦が現れたため、幕府は天保山に砲台を築き、各藩に海辺防衛を命じました。

土佐藩は、堺の大和川から大阪の尻無川までの警固にあたり、万延元年（一八六〇）住吉の地が交付され、文久元年（一八六一）に陣屋が完成しました。その所在地は、この石燈籠から北へ約六〇〇メートル、現在の東粉浜小学校（住吉区東粉浜二丁目）付近一帯の約一万坪の広大なものでした。紀州街道に面した西側に正門を設け、南北約三六〇メートル、東西一四〇メートルの規模で、上町台地の断崖を背後にして三方に堀をめぐらした堅固な構えでした。

陣屋の内部には武芸所・火薬庫・宿舎などの建物が並び、銃五〇〇挺を備え、沿岸には砲台を建設し、家老級の指揮官や藩士以下人夫まで数百名が勤めていました。

現在の陣屋跡は面影をうかがうことはできませんが、東粉浜小学校西側の住宅地内に四角柱の顕彰碑とステンレス製の説明板が設置されています。顕彰碑には「この付近　土佐藩住吉陣屋跡」「後藤象二郎赴任の地／吉田東洋設営指揮の地」「坂本龍馬訪問の地」とあります。

さんけい道の石燈籠

慶応二年（一八六六）土佐藩は海岸防衛を免ぜられて、京都警備に転ずるように命じられたので、住吉陣屋も撤去されることになりました。その際、陣屋大部家の有志は、五年にわたる任務を記念して住吉大社に「さんけい道」常夜燈を奉納したのでした。また、陣屋の主要建物は京都土佐藩邸に移築されましたが、石垣などは近くの生根神社の西崖石垣や階段に転用されて現存しています。

なお、奉納者の部屋頭・土堤内清五郎は、慶応四年（一八六八）二月十五日の堺事件（堺港にて土佐藩士がフランス水兵一一人を射殺した事件）のため、堺の妙国寺で切腹させられた藩士一一名の弔いを買って出た人物です。この時、近在の群集が弔問の行列をなす中で、清五郎は仲間五〇〇人とともに堂々と葬儀を行い、北隣の宝珠院に埋葬して手厚く弔ったと伝えられます。

紅花業者の石燈籠

出羽特産の紅花《べにばな》は、染料・薬用・食用に用いられ、江戸時代中期からは全国生産の半分以上を占めていました。この紅花関係の石燈籠としては、①「紅花燈籠」と②「長明燈」の二対が奉納されて現存しています。

①「紅花燈籠」は、路面電車道沿いに並ぶ最南の石玉垣の中に、総高七・二メートルの花崗岩製で、基壇二段の上に図太い円錐石柱と大きな六角の火袋や笠石のあるどっしりとした姿は、神社境内中で屈指の名品といわれています。

石柱正面にある太文字の「獻鐙」は、幕末三筆のひとり市川米庵《べいあん》の書で力強く深く彫られています。その左右に「諸国紅花荷主中／京都紅花屋中」「天保七年丙申三月」「執次　田中和佐大夫」、台石には「石工洛東白川村源助」とあります。

今田信一著『べにばな閑話』（一九八〇年刊）に引用された柏倉《かしわくら》家の天保七年（一八三六）の史料によると、近年難破船が多く、量り知れない損金となっているので、京都荷主と山形の問屋と相談の上、摂津住吉大神宮に献灯するための建立趣意書を、全国の紅花荷主業者に配布しました。それには、紅花小入一丸につき銀五分、同大入一丸につき銀七分の寄進を求めているが、寄進者や工事費などの記録はないと記述しています。

紅花燈籠

②「長明燈」は、神馬舎の前にある総高約七・一メートルの花崗岩製石燈籠です。基壇は五段で、円い裾広がりの石柱、六角火袋と笠石は大型の燈籠です。急に傾きはじめたため、平成十八年（二〇〇六）に解体して基礎から修復しました。

こちらも幕末三筆の貫名苞《ぬきなしげる》（海屋《かいおく》）の書で、両基の石柱には「長明燈」、その左右には「八十五　貫名苞敬」「文久二年壬戌春三月吉日」「田中和佐大夫」「佐藤利兵衛／佐藤利右衛門／佐藤卯兵衛」、台石の正面には横書で「永寿講」、そして南基に山形・秋田の一九名、北基に大坂・京都などの三〇名が列記され、台座には石工御影屋の刻銘があります。

永寿講について、先述の今田信一氏の著書によると、佐藤家所蔵の「永寿講」と表題がついた燈籠建立寄進

長明燈

台帳に、山形十日町の豪商であった佐藤利兵衛が中心となり、親類縁者を集めて、住吉神社に航海安全を祈願する講を結成し、文久元年（一八六一）十二月から募金を始めました。

「長明燈」燈籠はこの募金をもとにして建立され、南基刻銘の講員、北基刻銘の支援者・賛同者から約七四貫の寄付を集めて奉納されたようです。

現在も佐藤家末裔による「白田会」（永寿講の後継団体）が存続し、山形を代表する醤油・味噌の製造販売を行う丸十大屋（天保十五年創業）は数年ごとに一族での参拝を続けています。なお、昭和五十年代から平成にかけての二十年間余ですが、毎年山形県観光協会の大阪キャンペーンに際して両石燈籠への紅花献花が行われていました。

誕生石の石燈籠

反橋《そりはし》の架《か》かる神池のほとりの北手水舎《てみずしゃ》の横に、石玉垣に囲まれた霊石「誕生石《たんじょうせき》」があります。玉垣の中は老楠と松の木の下に一抱え程の石が数個あり、ここが島津《しまづ》氏初代の島津三郎忠久が誕生した処と伝える古跡です（二一四頁参照）。

この故事によって名付けられた誕生石は、島津家代々の信仰が篤く、『住吉松葉大記』には「今に至て薩摩大守および家族、当社参詣には必ず此所を拝走す」と記されています。現在も、安産祈願所として多くの参拝者がいます。

この誕生石の前には、家臣による奉納石燈籠五基が残り、誕生所顕彰の跡をみることができます。いずれも高さ二メートル程の花崗岩製の春日型燈籠です。特に貴重なものが「誕生所石燈籠　承応三年（一六五四）八月吉日　薩州侍臣　鎌田太郎左衛門　諏訪女」と刻された石燈籠で、住吉大社で三番目に古いものです。その隣の宝暦十二年（一七六二）奉納の石燈籠には、薩州藩士二五名が刻まれています。

誕生所石燈籠

翫物商石燈籠

翫物商《がんぶつしょう》石燈籠は、反橋《そりはし》を渡り角鳥居《かくとりい》前を南北に通る卯之日《うのひ》参道の池側の北と南に、一際高く聳《そび》え建つ二基一対の石燈籠です。

宝暦十二年（一七六二）に、江戸・京都・大坂の翫物商（玩具《がんぐ》・人形問屋仲間）の住吉講によって奉納されたものです。四メートル四方の高さ一・四メートルの石積みの基壇の上に、さらに基壇を四段積んだ四角の住吉型石燈籠五・六メートルを載せた合せての高さ約八メートルにおよぶ御影石《みかげいし》の巨大な燈籠です。竿や基壇に刻まれた「常夜燈　翫物商　住吉講」は、儒学者で名筆家の五井蘭洲《ごいらんしゅう》の筆によるもので、石工は大坂炭屋町の中村屋勘兵衛・みかげや新三郎です。

翫物商石燈籠・改修後（北側）

この建立については、『翫物商常夜石燈籠二百四十年史』に「大坂と江戸の雛人形・玩具の問屋業者は海路の安全を願い、海上の守護神である住吉大社を信仰し、住吉講を設け大坂業者の発議によって東西同業者で大きな石燈籠を献納された」と記されています。

石燈籠の修理は度々行われ、建立から四六年後の文化五年（一八〇八）の再建は、焼失した四本宮の再建中に行われています。明治十五年（一八八二）の修理は、前年に発足した大阪玩具《がんぐ》同業組合が、東京・名古屋・京都の組合にも働きかけた最初の大事業であり、新時代に加護を願って業界の発展を神前に誓いました。

翫物商石燈籠・改修後（南側）

昭和三年（一九二八）の再建は、御大典《ごたいてん》記念と住吉大社境内の大改善工事にともない、昭和三十六年（一九六一）の修理は、住吉大社第四十七回式年遷宮と石燈籠建立二百五十年を記念したものでした。

平成三年の修理は、第四十八回式年遷宮を記念して解体修理を行い、基壇を一段増築して大きく立派になりました。

二六〇年前の建立以来、五回の再建・修理工事ごとに奉納者が刻まれ、その数は五四五名に及びますが、このように多数の人名が刻まれているものは他にありません。現在も、毎年十一月には神楽《かぐら》を奉納する団体参拝が続けられています。

先祖や先輩が住吉大神の御神徳《ごしんとく》を仰いで奉納した石燈籠を、節目ごとに修理を重ねて後世に伝承し、信仰を継承して業界の団結と繁栄を祈念している石燈籠は、永遠に受け継がれていくことでしょう。

（令和二年〈二〇二〇〉十一月に新たに六回目の改修が行われて基壇が一段高くなり、高さは約一〇・一メートル、寄進者の人名や企業名は合わせて六五〇を越えました。上の二枚の写真）

卯之日燈籠

反橋を渡ったところにある角鳥居前を南北に通る石《いし》畳《だたみ》を、卯之日《うのひ》参道といいます。参道の両側には、高さ約三メートルの優美な石燈籠三七基が並んでいます。丸柱の中ほどが大きくふくらんだ特徴的な春日型燈籠で、一日中燈明を点《とも》したと思われる「豫州《よしゅう》　永代昼夜燈明」と刻銘されています。卯之日参道にあることから、「卯之日燈籠」と称されています（五六頁）。

卯之日燈籠の一基

この石燈籠の仲間は、他にも再建によって場所が移され、御田《おんだ》西の南参道、大海神社境内、武道館前にも八基あり、合計四五基が残っています。

銘文がわかるもののうち、三基が宝永六年から享保十一年（一七〇九―二六）までの一七年間に集中しており、年代不明のものも風化の具合から同時代と推定できることから、ほとんどがこのころに集中して建立されたと思われます。

奉納者は、大坂卯之日講中の一九基、大坂日参講中の九基、残りは個人や再興、風化で判別できないものですが、いずれも伊予松山藩（現在の愛媛県）の商人と興居島《ごごしま》・風早《かざはや》郡・高浜・三津浜の廻船《かいせん》仲間、船名、またはこの仲間と交流のあった大坂の船宿の名前が刻まれています。二つの講中とも寄進者の居住地が近く、石燈籠の形も同じであることから、関係が深い講社であったと思われます。

卯之日講は、住吉大社御鎮座記念日の卯之葉《うのは》神事か毎月の卯の日に社参したのでしょう。日参講は、日を定めずに社参する講社として結成され、伊予と大坂の商業発展と航海安全を祈願して、この石燈籠群を建立しました。

卯之日燈籠（背後の翫物商石燈籠は改修前）

卯之日燈籠の史料は残っていませんが、御文庫所蔵の安永六年（一七七七）『住吉永代卯之日橘講』（特二四八）から当時の講社の様子がうかがえます。それには、摂河泉・阿淡・備中・伊予・讃岐などの講の世話人が瀬戸内海の廻船仲間に住吉社参を勧誘する趣意書と、各地の船宿などを紹介したものを配布していました。

多額の資金を必要とする石燈籠の建立を、住吉社参の講社が短い期間で行っていることから、多くの講員が加入していたものと思われます。伊勢のおかげ参りが盛んに行われた時期とも重なり、住吉の海神信仰に対する群参が行われていたと思われます。

最古の石燈籠

北は北海道の松前から、南は九州の薩摩などから奉納された石燈籠は、六四〇基の多数に及んでいますが、そのなかでも最も古い石燈籠は、寛永二十一年（一六四四）に奉納されたものです。じつに三七〇年以上前のものになります。

寛永21年（1644）寄進の石燈籠

この石燈籠は高さ約三メートルの春日型石燈籠であり、土蔵造の住吉御文庫と校倉造の高蔵（重要文化財）との間にそびえる大楠の根元に立っています。竿柱の中央には「奉寄進　住吉御寶前　寛永二十一甲申年六月吉祥日」と刻銘されていますが、奉納者は判読できません。

寛永年間の石燈籠はこの一基だけですが、承応二年（一六五三）二基、同三年（一六五四）一基、寛文元年（一六六一）三基と次第に多くなり、享保年間（一七一六―三六）の二一年間には九二基の奉納がありました。この享保の石燈籠のなかには五メートル以上の規模の大型石燈籠も増えており、当時の繁栄をうかがうことができます。

城主奉納の石燈籠

境内の石燈籠のなかには、三名の城主が奉納した三対六基が残っています。

①伊予大洲城主　加藤泰常

土蔵白壁二階建の住吉御文庫石玉垣の両側に立つ、高さ三メートルの花崗岩製四角石燈籠一対は、竿柱のみ六角でその左右に「元禄十六癸未年（一七〇三）八月吉日」「豫州大洲城主加藤氏　遠江守従五位下藤原朝臣泰常」の奉納銘が刻まれています。

大洲《おおず》城（愛媛県大洲市）初代城主の加藤貞泰が元和三年（一六一七）に伯耆《ほうき》国から伊予国への国替の折に、内陸の肱川《ひじかわ》中流に大洲城を築き、藩の発展には良港建設が必要と、肱川河口の長浜に築港しました。その中心に航海・貿易の守護神である住吉神社を勧請して、藩と港の繁栄を祈念しました。

そして三代目城主泰常（後に泰恒と改名）の世になって、産業の興隆による藩の繁栄に感謝し、益々の加護を願って本宮の住吉大社にも石燈籠一対を奉納しました。このような貞泰・泰常の敬神信仰は、幕末まで続く代々の藩主に継承されました。

なお、藩主加藤家は代々、堺の鉄砲鍛冶《かじ》井上関右衛門に扶持を与え、北旅籠町西に現存する井上家には歴代藩主の位牌がまつられています。

加藤泰常寄進

②下総関宿城主　牧野成貞

立聞社《たちぎきしゃ》南の生田南水句碑前に立つ高さ二・八メートルで、中台前面二か所の浮彫家紋が小さいながら目立つ花崗岩製四角石燈籠には、竿に「宝永七庚寅年（一七一〇）四月十四日　従四位拾遺牧野大夢源成貞」と刻まれています。

奉納者の牧野成貞は、五代将軍綱吉の側用人として活躍し、天和三年（一六八三）、五十歳で下総国関宿城《せきやど》（千葉県野田市）を与えられましたが、元禄八年（一六九五）、六十二歳で養子の成春に家督を譲って隠居しましたので、一二年間の城主でした。成春は相続により一〇年後の宝永二年（一七〇五）に三河国吉田藩（愛知県豊橋市）に加増転封となっています。そして宝永六年（一七〇九）の将軍綱吉の薨去《こうきょ》によって仏門に入り大夢と号しました。

住吉大社になぜ石燈籠を奉納したのかは不明ですが、成貞の代に関東の領地のほか、和泉国泉・大鳥両郡を与えられているのも一つの理由でしょう。将軍綱吉が援助した宝永六年の住吉大社遷宮と、薨去の翌年であることから、将軍綱吉の恩恵に感謝するとともに、家運の隆盛をも祈願したのでしょう。奉納の二年後に、七十五歳で病死しています。

牧野成貞寄進

③武蔵忍《おし》城主　阿部正敏

反橋を渡った右側に立つ笠石が大きい高さ五メートルの花崗岩製四角石燈籠は、「天明五乙巳年（一七八五）夏六月」「忍城主　従四位下行兼能登守阿部朝臣正敏」の奉納です。

阿部家六代目の正敏は、五十歳の安永九年（一七八〇）に忍城（埼玉県行田市）城主となり、五十五歳の天明四年に大坂城代に任ぜられ、その翌年に奉納しています。大坂城代は在任中、堺・住吉の巡見を行うのが慣例でしたが、とくに正敏は、摂津国一宮の住吉大社に職務の遂行や、忍藩の繁栄を祈願する信仰に篤い人物だったのでしょう。

しかし、天明の大飢饉という社会混乱期に、「天下の台所」を治めた大坂城代の激務のためか、就任からわずか三年後の五十八歳に大坂で病死しています。

阿部正敏寄進

蠟石の和砂糖問屋石燈籠

第一本宮の北に建つ住吉御文庫の東隣に、銅板葺屋形の菱形格子戸の中に、蠟《ろう》のようにやわらかい白色蠟《ろう》石《せき》製の珍しい四角い住吉型燈籠が一対二基奉納されています。天保十一年（一八四〇）に大坂和砂糖問屋が奉納した、基壇三段の高さ二メートルの美しい貴重な石燈籠で、石工は飯田新三郎昌應と刻まれています。

砂糖はオランダや中国からの主要な輸入品で、長崎から船で大坂に運ばれました。大坂堺筋の砂糖荒物仲買仲間は、戎講（一番組）・大黒講（二番組）・三社講（三番組）の三つのグループに分かれ、そこで取引価格が決定されて全国各地に輸送されました。全国のあらゆる産物が大坂で現金化されましたが、そのなかでも砂糖は取引高の多い重要な商品でした。

十八世紀になると、薩摩で砂糖が生産され、さらに紀伊や讃岐などの国内産の砂糖が大坂に運ばれるようになりました。砂糖の需要が増大した天保五年（一八三四）には国内産白砂糖を扱う株仲間が設立され、石燈籠はその六年後の奉納です。白砂糖と白色蠟石の「白」を縁起のよい白色石燈籠にして、吉兆を託して奉納されたと伝えられています。

他にも砂糖商の石燈籠は、住吉御文庫の南側に二対と、電車道に面した南角鳥居の北側に一対があります。いずれも御影《みかげ》石です。

大坂和砂糖問屋寄進

砂糖壹番大中燈籠（両端の２基）と大坂壹番砂糖屋燈籠（中央の２基）

御文庫南側のものは、弘化四年（一八四七）に砂糖壹番大中が奉納した高さ二・九メートルの春日型石燈籠で、基壇三段に奉納商の屋号紋二八個と明治十七年修復時の三九個が刻まれています。もう一対の嘉永元年（一八四八）の大坂壹番砂糖屋石燈籠は、高さ二・五メートル、基壇二段の住吉型石燈籠です（四七頁）。

南角鳥居北側にある明治四十五年（一九一二）の大阪砂糖商大茂組石燈籠は、高さ五・五メートル（台座を含め）、基壇二段の四角ばかりの住吉型石燈籠で、文字は大阪の書家である湯川梧窓《ごそう》の筆によるものです。

この四対の砂糖商奉納石燈籠は、砂糖業界の繁栄と大阪商人の住吉信仰とを今に伝える歴史遺産です。

大阪砂糖商大茂組燈籠

再建された侍者社燈籠

住吉大社の第二本宮の南方に建つ侍者社《おもとしゃ》は、祭神に初代神主の田裳見宿祢《たもみのすくね》と市姫命《いちひめのみこと》をまつり、縁結び・夫婦円満・諸願成就の祈願を託して、多くの「おもと絵馬」や「裸雛《はだかひな》（土人形）」が奉納されています。

近年、参拝者の増加によって百度石《ひゃくどいし》を求める声もあり、時を同じくして半世紀以前に現地に存在していた百度石と燈籠《とうろう》石柱一対が再発見されたため、平成二十四年（二〇一二）十二月に修理再建となりました。

かつて郷土史家で当社史料預であった梅原忠治郎《うめはらちゅうじろう》（一八八五―一九五三）が、昭和七年（一九三二）当時のすべての石燈籠を調査した『住吉神社石燈籠調書』には、

○をもと社百度石
　堺　神南邊立之（花押）／文政五壬午歳二月
○狛犬　一對　阿波屋卯兵衛／文化九壬申年四月
○境内最古燈籠　承應二癸巳年九月吉日
　一對　大津屋権兵衛廻船中
　木造　台石長方形／執次　喜多村

と記録されています。昭和初期には百度石・狛犬・燈籠が設置されており、境内最古の燈籠はこの木造

侍者社燈籠

の燈籠の石柱にある承応二年（一六五三）の刻銘から境内最古の燈籠であるとしています。戦後しばらくして撤去され、この石柱は住吉御文庫《おぶんこ》の裏側に保存されていました。この調書には「境内最古燈籠」と記されていますが、神社最古の石燈籠については、その後に楠高社《くすたかしゃ》横に立つ春日型燈籠の銘に「寛永二十一年」（一六四四）の銘があることが判読されたため（四五頁）、同燈籠は二番目に古い燈籠となりました。

平成二十五年（二〇一三）の重要文化財指定・大海神社西門の修理工事に際して、百度石が社叢《しゃそう》の片隅にひっそりと安置されていることが判明しました。なお、狛犬は児安社前に移されています。この発見を契機に、侍者社の燈籠と百度石が再建される運びとなり、歴史的石造遺産の保存継承となりました。

神前の高さ二・七メートルの燈籠一対は、古さを感じさせる花崗岩製の石柱で、一辺が二二センチメートル角、高さ一・八メートルで、その上部には夜間に電灯がともる木造銅板葺屋根の火袋《ひぶくろ》が新調されました。

百度石は文政五年（一八二二）神南辺道心《かんなべどうしん》の建立で、神前から一〇メートル離れた正面に設置され、高さ一・六メートル、一辺三〇センチメートル角で先が尖った花崗岩製です。

住吉大社の中で、二番目に古い約三七〇年前の貴重な燈籠が、侍者社信仰の百度石とともに、末永く明りを灯しつづけることを祈ります。

有田焼磁器燈籠の名品

境内の燈籠のうち唯一の磁器燈籠が、若宮八幡宮前の屋形格子戸の中に一対二基奉納されています。

有田焼磁器燈籠

江戸時代には陶磁器も、伊万里・瀬戸などから船で大坂瀬戸物町に運ばれていました。享保四年（一七一九）大坂焼物問屋仲間は、海の神の住吉大社に海上安全祈願のため約三メートルの大型石燈籠を奉納しています（大海神社西門の内側）が、この燈籠はその一六二年後の明治十四年（一八八一）六月に当時の大阪陶磁器仲間盟信社から奉納されたものです。

この春日型磁器燈籠の作者は、有田焼大物造り名人の山本柳吉・周蔵親子で、陶磁器の燈籠としては大型の総高は一・六メートルあります。彩画は祖雪（中村邦介）画伯の「桐と鳳凰」「松と白鷺」などの図柄が全面に描かれ、書は村田海石筆の豪華な逸品です。

「大阪」最古の年紀銘

現在使用している地名の「大阪」は、古くから漢字を「大坂」と土扁《つちへん》に書くのが一般的でした。しかし、江戸時代の後期になると「阪」の字を書くことも見られ、両字が併用されていました。

その理由については、狂言・歌舞伎作家であった浜松歌国が文化五年（一八〇八）自序の『摂陽落穂集』において、土扁の大坂は「土《つち》に反《かえる》」に通じ、死・衰退・消滅を意味するとして嫌われ、代って阝扁《こざとへん》を用いるようになったのは、「阝（阜《おか》）」は土山や大きな丘を表し、繁栄、大きくなる、伸びる等の意味もあり、縁起の良い「大阪」と書かれるようになったと記しています。

さて、「大阪」と記された古い例について、一般的な郷土地誌などでは、刷物は文化三年（一八〇六）刊『増脩改正　摂州大阪地図』が挙げられ、石碑では箕面市にある安永八年（一七七九）銘の「牧之荘の元標石」で、これに彫られた里程に「大阪」と見えるものなどが紹介されています。

ところが、住吉大社石燈籠の調査によって、箕面市の「牧之荘の元標石」銘よりも三八年も古い石燈籠銘の存在が判明しています。その石燈籠は、住吉大社境内の北西、乾参道（路面電車交差点から参集所に至る参道）入口ロータリーの中ほど、時計台の左右に一対二基が並んで立っています。

大阪鍋釜寄進

高さ一・八メートル、花崗岩製の雪見燈籠二基は、基壇が四角、四角の四脚、中台と火袋と笠は八角、宝珠は笠より彫り出した円くて薄いもので、雪見燈籠でも独特の形をしています。

その台石の南基に「大阪鍋釜」、北基に「御鑄物師」、火袋八面のうち四面は明窓で、他の四面に「常夜燈」「住吉太神宮」「元文六辛酉年」「正月吉祥日」とあります。元文六年は西暦一七四一年にあたり、「大阪」使用例のうち最も古い石銘になります。

大坂と大阪は、明治時代にも両字が混用されていますが、伊吹順隆著『大坂と大阪の研究』（一九七九年刊）によると、明治元年五月に太政官が大阪府を設置した時は「大阪」でしたが、明治二十二年（一八八九）の府の公文書にはまだ「坂」と「阪」が混用されており、官報では明治二十四年ごろに「大阪」に変わったことを記述しています。

このように、住吉大社の石燈籠は、大阪の歴史遺産として価値の高いものです。

飛脚問屋の石燈籠

近代まで日本における郵便・通信を担ってきたのは飛脚《ひきゃく》でした。経済の中心地、大坂と江戸を結ぶ飛脚は、公用から町民に至るまで盛んに利用され、重要な書簡や現金輸送、あるいは米相場の情報なども扱いました。住吉大社には、飛脚問屋が道中の安全と繁栄とを祈願して奉納した石燈籠三対が現存します。

①御田西側、南参道にあるもので、住吉型一対が共通の基礎の上に並んでおり、緑色を帯びた砂岩は剥落《はくらく》

が進んでいます。初めは寛文十一年（一六七一）江戸と大坂の飛脚問屋がともに奉納し、文化元年（一八〇四）江戸の嶋屋佐右衛門と大坂の津国屋十右衛門による再建です。揮毫《きごう》は井上春蟻《しゅんぎ》（俳諧・狂歌・書画に多才であった江戸の文化人）、石工は大坂松屋町の泉定、取次は住吉大社の社人山上喜大夫です。銘に「御得意繁昌・道中無事」という祈願が刻まれています。

この飛脚屋の関係者に、大伴大江丸《おおともおおえまる》（享保七年〈一七二二〉―文化二年〈一八〇五〉）がいました。

天明年間（一七八一―八九）、歌枕で名高い住吉の松並木が次々と枯死しました。これを惜しんだ俳人たちは、住吉社頭で茶屋を設け、松苗とともに和歌・俳句を募りました。松苗勧進は一六年ほど続けられ、遂には『松苗集』一三冊が住吉御文庫に奉納となりました。勧進数から考えれば二千本を超える松苗を植えたことになり、緑化運動の先駆けとして今日でも高く評価されています。この松苗勧進の中心人物こそが、大伴大江丸でした。

嶋屋佐右衛門・津国屋十右衛門寄進

大伴大江丸の本名は安井政胤《やすいまさたね》といい、大和屋喜右衛門の名前で飛脚問屋を営んでいました。江戸店の嶋屋佐右衛門や大坂店の津国屋十右衛門という名前は、大江丸も参加した飛脚問屋たちの共同名義の店であったようです。

俳人としての号は、芥室《かいしつ》、旧州《ふるくに》、旧国などがあり、大江の岸近くであることから「大江隣《おおえとなり》」、晩年には「大伴大江丸」と称しました。なお、石燈籠の台座左側の銘に「大江隣監」の文字が刻まれており、この石燈籠の再建に大伴大江丸が関わっていたことがわかります。

②北脇参道の鳥居に東隣する両側一対の住吉型燈籠です。全高四・五メートルの花崗岩製で、天保十一年（一八四〇）建立、取次は田中直衛大夫、明治二十七年（一八九四）修復、基壇三段目に「大坂・京飛脚仲間／丸京合資会社」とあります。

③その東隣に並列して立つ住吉型一対です。全高二・八メートルの花崗岩製で、元治元年（一八六四）建立、取次は山上松大夫で、江戸日本橋川瀬石町の上下《じょうげ》飛脚屋（通日雇《とおしひやとい》）の米屋久右衛門と米屋久平治の連名

大坂・京飛脚仲間寄進

米屋久右衛門・久平治寄進

による奉納です。

鷺燈籠

御田西側の南参道に「住吉の鷺《さぎ》燈籠」と呼ばれる美しい石燈籠一対二基が立っています。高さ約三メートル余の花崗岩製の春日型燈籠で、笠の上部一面に三羽の大きな鷺が羽を広げ、頂に宝珠の代わりに二羽が蹲《うずくま》り、火袋に八羽、中台に一八羽、基礎に一二羽と、合わせて四三羽のいろいろな姿の鷺が浮き彫りになった、石工が技巧をこらした石燈籠です。

鷺は、神功皇后が住吉大社御鎮座地をお探しの時に、杉の木に白鷺が三羽とまったのを吉祥として、この地を定められたという伝承によるもので、その吉祥の場所が現在の五所御前です。このことを表徴した鷺燈籠は、まことに住吉大社にふさわしい石燈籠です。

享保十八年（一七三三）に大坂の唐金《からかね》家《け》が奉納したもので、二九〇年以上経つ古い石燈籠です。

鷺燈籠

住友燈籠

住吉大社の正面参道である南海電車「住吉大社駅」の駅前道路から、住吉公園中央を通る汐掛道の両側に、住友家代々が奉納した石燈籠が二八基（一四対）立ち並び、住友燈籠と称されています（武道館前にも一基あり）。

住吉公園や駅前付近は、明治維新まで住吉大社の境内地で、今は高速道路の下を流れる十三間堀川から船で参拝する人々の表参道として賑わっていました。そのため、高燈籠をはじめ古い石燈籠が残っており、現在も住吉公園では、伝統の神輿洗神事が執行されています。

享保十二年（一七二七）の住友家五代目友昌が最初

に奉納して以来、昭和四年（一九二九）の十六代目友成まで、早世した十三代目友忠と一時その跡を継いだ友忠の母である十四代目登久を除いた歴代の十二代が奉納しています。

　ほかに個人名がない「豫《よ》州別子銅山」（享保十二年奉納）の二対もあり、いずれも高さ約三メートルに及ぶ花崗岩製の春日型燈籠です。

　江戸時代の大坂は「天下の台所」と称されたように、諸国の農業・漁業・林業・工鉱業などあらゆる生産物が集まり、換金されて再び出荷されて諸国の経済を支えていましたが、日本一の加工生産都市でもありました。

　特に大坂は日本における銅精錬・銅貿易の中心地で、その中核が元禄三年（一六九〇）に伊予国（愛媛県）の別子銅山を発見し、大坂島之内に精錬所を構えた住友家でした。住友家は江戸中期以降は金融業も兼ねた豪商となりますが、敬神崇祖の家柄で、海の神・産業の神である住吉大社に海運安全・家業繁栄を願ったものが住友燈籠です。

住友燈籠

　住吉大社境内に残る多くの石燈籠は、近世の住吉信仰を物語るだけでなく、大坂を代表する大坂商人の歴史を伝える文化遺産としても貴重な存在です。

芭蕉句碑の石燈籠

　住吉公園の東口から入って汐掛道をしばらく歩くと、並んだ住友燈籠の間に、竹垣で囲まれた松尾芭蕉の句碑があります。花崗岩で高さ一・八五メートル、幅一メートル、厚さ四五センチメートル、下部は土中に埋まっています。

　正面全体に大きな文字で芭蕉の俳句「升買うて分別かはる月見かな」が彫られ、左上部に直径一五センチメートル、奥行き九センチメートルほどの丸い穴があり、石碑の右側面に「献燈」の文字があることから、この句碑は燈籠として奉納されたものと判明します。

　この丸い火袋に火を点せば、あたかも満月のように見えるため、俳諧の風流にかなった見事な献灯型の句碑であります。

　元治元年（一八六四）建立から一五〇年以上の時が経過し、全体の風化によって奉納者や建立年月は判読しづらくなっています。芭蕉句碑について紹介したものは、どれもが正面の俳句ばかりで碑文をすべて翻刻したものが見当たらず、昭和七年（一九三二）の梅原忠治郎『住吉神社石燈籠調書』や近年の刊行物などにおいても同様でしたので、背面に至るまですべてを次頁に示しておきます。

芭蕉句碑燈籠

（正面）升買うて　分別かはる　月見かな　翁

（右面）浪花月花社中
建之　霍歩
備前や惣兵衛

（背面）元治元年　霍處　雨竹　梅英
甲子歳　月藝　年蹊　芥水
正月吉日　破花　梅一　映松
取次　山上金太夫　鷹秋　翠園　来起
良々　時蝶　全丸
藤湛　君山　花翁
發起　霍歩

松尾芭蕉は元禄七年（一六九四）九月、伊賀上野から大坂に来訪し、十三日に住吉に参詣しています。この日は住吉の宝之市が行われる祭日で、名物の升を買ったことを念頭に詠まれたといいます。

住吉大社の宝之市神事は、第四本宮の祭神・神功皇后が三韓からの貢物《みつぎもの》を庶民に頒《わか》たれた故事に因《ちな》むもので、社頭に市が立ち、盛大な相撲会や神輿の渡御もあった大祭でした。また、この日は五穀《ごこく》を盛った升を神前に供え、境内で升を売ったことから、「升の市」とも呼称され、「宝之市」は「升の市」とともに俳句の季語になっています。

わが国随一の商都であった堺や大坂において、住吉大社の極印升は分量保証の象徴であり、商売繁盛を祈願した商人たちの信仰の証でもありました。

住吉名勝保存会による「松尾芭蕉句碑」説明板がすぐ脇に設置され、詳しい経緯などが書かれていますので現地にて併《あわ》せてご参照ください。

堺たばこ庖丁鍛冶の石燈籠

鉄の町、刃物の町として繁栄した堺に相応《ふさわ》しい石燈籠が「左海《さかい》たはこ庖丁鍛冶《かじ》」石燈籠です。堺市の大道筋（紀州街道）の路面を走る阪堺電車「宿院《しゅくいん》駅」の交差点には、東西に伸びる国道二六号線「フェニックス通り」があり、その両側道の分離帯には南北一対の石燈籠が建っています。ここから東へ約五〇メートルのところには住吉大社の御旅所・宿院頓宮《しゅくいんとんぐう》があり、毎年七月三十一日に大鳥大社が、八月一日に住吉大社の神輿が宮入りしています。

高さ約八〇センチメートルのコンクリート土台の上に据えられた、花崗岩の基壇四段、六角形の春日型燈籠は、高さ五メートルを超す大型のものです。主要道の交差点にあることから、通行する人々はもとより自動車や路面電車からもよく見えます。

石燈籠に刻まれる文字は次の通りです。

【南北両基】

石　柱「永代常夜燈／取次　橋本玉城大夫／天保五年甲午正月吉日」

台石正面「左海たはこ庖丁鍛治《（ママ）》」

【南基】

台石右背面「大阪島之内　見影」

背面石板「継承天保献燈為祈願昭和復興完成即移転奉建之／昭和二十七年七月吉日／住吉大社宮司　高松四郎／勧進元　総代　河盛安之介／協賛　堺刃物協同組合　堺鋏工業組合　堺利器卸協同組合　堺刃物工業協同組合　堺木柄組合」

【北基】

背面石板「協賛　南海電氣鐵道株式会社　大日本セルロイド株式会社　関西電力株式会社　恵美壽織物株式会社　堺市銀行團　龍神新地組合　山口勝　伊藤道次　髙木幸太郎　島野庄三郎」

「昭和三十七年七月改修／寄付者芳名　尼見清治　中江新十郎　伊藤道次　遍々古伊三郎　河盛安之介　堀畑阡　小林保　前田敬　島野尚三　山本義雄　髙木幸太郎　吉田久博／発起人　河盛安之介」

この石燈籠は、堺のたばこ庖丁の鍛冶職人たちが天保五年（一八三四）に奉納したもので、元は住吉大社の社前、紀州街道の「御祓橋《おはらいばし》」の北方（現・長峡町六番十七号付近）にありました。

堺市の旧市街地は、太平洋戦争で壊滅的な被害を受けましたが、戦後、その復興計画のひとつとして大小路に代わる東西の幹線道路の整備が計画されました。それが宿院大通りで、「フェニックス通り」の愛称で堺市民から親しまれるメインストリートとなりました。

昭和二十七年（一九五二）、ものづくりの町堺の復興を祈願して、この石燈籠を宿院大通りの現在地にお迎えしました。

世話人は、戦前戦後に堺市長をつとめた河又醤油（現・大醤）社長の河盛安之介でした。協力者として、戦後初の公選市長となった山口勝、伊藤道次（堺化学工業）、髙木幸太郎（高木鉄工所）、島野庄三郎（島野工業、現・シマノ）など堺の名士が名を列《つら》ねました。昭和三十七年（一九六二）に改修され、堺フェニックス通り、宿院交差点のシンボルとなりました。

その後、半世紀あまりたって石燈籠にひびが入るなど劣化が進み、幹線道路に面した安全性が問題視されたため、平成二十六年（二〇一四）十二月から翌年一月にかけて国土交通省によって解体修復が施されました。

葉たばこは、鉄砲と同じころに日本に伝わり、その栽培は早くから全国各地で盛んになりました。収穫し

左海たばこ庖丁鍛冶寄進

た葉たばこを刻むのに用いたたばこ庖丁が堺で生産されるようになったのは天正年間（一五七三―九二）といわれています。堺の伝統の刀剣鍛冶技術によって、たちまち舶来品よりも優れた品質のものが製造されました。

　江戸幕府は専売品として「堺極《さかいきわめ》」の極印を入れさせて品質を保証したため、たばこ庖丁といえば堺庖丁といわれるほどに全国に広まりました。堺刃物の切れ味と名声は各種の庖丁にも及び、その伝統は石燈籠とともに現在も継承されています。

大坂上荷船茶船中の石燈籠

旧紀州街道の路面電車の道寄りの正面参道に建つ西大鳥居の側に、真新しい石燈籠一対二基が建てられました。一六〇年以上前の安政二年（一八五五）の奉納と刻まれていることから、不思議に思われている方が多いようです。

　高さ約五メートル、基礎三段で花崗岩の立派な住吉型石燈籠です。平成二十二年（二〇一〇）正月三日の未明に、露天商テントから出た火が、プロパンガスに引火し、車輌が燃える火事となりました。隣接していた石燈籠と玉垣の一部も、火勢によって熱せられ、そこに消火ホースの冷水を浴びたため二基とも破損してしまいました。

　石燈籠銘は、両基正面に「獻《けん》燈／大坂／川筋組／上荷船茶船中」、側面西側に「安政二年乙卯九月／執次田中和佐太夫」とあり、一段目の基壇の側面には、世話人として大坂川筋浜十六ケ所名と代表者、組合惣代二名、二段目の基壇には明治二十七年（一八九四）五月修覆の文字と世話人四名が刻まれていました。

大坂上荷船茶船中寄進

卯之日燈籠

大坂川筋組上荷船《うわに》茶船中は、大坂に入港した大型船が川筋（堀）浜の荷上場所へ荷物を運送した小型船の仲間で、業界の繁栄と航行安全を祈願して安政二年に

大阪魚油中寄進

大坂天満東郷菜種絞油屋寄進

奉納し、明治二十七年に修復されたことがわかります。

大坂の繁栄を支える活躍をした上荷船茶船仲間の貴重な石燈籠を、このまま消滅させてしまうのは忍びなく、平成二十二年六月に同形同大で再建し、石銘も元通りの書体で復元されました。

石燈籠の中には、年を経て破損や崩壊すると、最初の寄進者の後継者たちが修復や再建を行い、代々信仰を継承したことが、銘文に刻まれているものがあります。

石燈籠六四〇基のうち、修復の刻銘は二三基、再建の刻銘は八五基に及びます。その中には何度も修復や再建を繰り返したものがあり、卯の日参道にある甑物商石燈籠のように、二六〇年間に二度の再建と四度の修復を行っているものもあります。

❖参考文献

◉住吉大社全般

『住吉大社史』上・中・下巻、一九六三―九四年、住吉大社奉賛会

住吉大社編『住吉大社』一九七七年（改訂新版　二〇一九年）、学生社

真弓常忠『住吉信仰』二〇〇三年、朱鷺書房

真弓常忠編『住吉大社事典』二〇〇九年、国書刊行会

◉石燈籠関係

梅原忠治郎「官幣大社住吉神社の石燈籠」「同（補筆）」（『郷土研究　上方』一五号、一九二八年、『同書』一七号、一九三二年）

近江晴子「住吉大社の石燈籠」（『大阪春秋』二五号、一九八〇年）

片山　清「住吉大社石文による地方史の発見」一―一三（『すみのえ』一九五～二〇八号、一九八九～九五年）

藤本利治「住吉信仰の一考察―奉献石灯籠からみた」（『皇學館大学紀要』三〇号、一九九二年）

勝部明生「大阪府下神社境内の石造物―狛犬・灯籠・鳥居の調査　住吉神社（摂津二）」（『龍谷大学論集』四五六号、二〇〇〇年）

神武磐彦「住吉大社の石燈籠」（『大阪春秋』一四二号、二〇一一年）

神武磐彦「住吉大社の石燈籠」（『住吉っさん』六―二六号、二〇〇六～一六年、加筆修正し、本書第三部に収録）

❖ 住吉大社の指定文化財

【国指定】				
国宝	建造物	本殿（第一殿から第四殿） 附・瑞垣及び門 各殿四周二十一間	文化七年（一八一〇）	明治三十五年四月十七日指定 昭和二十八年十一月十四日指定
重要文化財	建造物	第一本宮から第四本宮の渡殿及び幣殿	文化七年（一八一〇）	平成二十二年十二月二十四日指定
重要文化財	建造物	南高蔵　北高蔵 南門　東楽所　西楽所　石舞台	慶長十一年（一六〇六） 慶長十二年（一六〇七）	昭和四十九年五月二十一日指定
重要文化財	建造物	末社招魂社本殿（旧護摩堂）	元和五年（一六一九）	平成二十二年十二月二十四日指定
重要文化財	附指定	住吉松葉大記（19冊）	元禄年間（十八世紀）	平成二十二年十二月二十四日指定
重要文化財	建造物	摂社大海神社本殿 附・瑞垣及び門	宝永五年（一七〇八）	昭和三十九年五月二十六日指定
重要文化財	建造物	摂社大海神社幣殿及び渡殿	宝永五年（一七〇八）	平成二十二年十二月二十四日指定
重要文化財	建造物	摂社大海神社西門	元和年間（十七世紀）	平成二十二年十二月二十四日指定
重要文化財	美術品（古文書）	住吉神代記	平安時代（九世紀）	昭和二十九年三月二十日
重要文化財	美術品（彫刻）	木造 舞楽面 綾切（4面、永暦二年〈一一六一〉の銘） 抜頭（1面、永暦二年〈一一六一〉の銘） 貴徳番子（1面、応保三年〈一一六三〉の銘） 皇仁庭（1面　平安時代末・十二世紀） 秦王（1面、正応元年〈一二八八〉の転写銘） 納曽利（1面　鎌倉時代・十三世紀）		昭和四十三年四月二十五日指定
重要文化財	美術品（工芸品）	太刀　銘・守家	鎌倉時代（十三世紀）	大正十五年四月十九日指定
重要文化財	美術品（工芸品）	刀　銘・小野繁慶 奉納接州住吉大明神御宝前	江戸時代（十七世紀）	昭和三十五年六月九日指定
重要無形民俗文化財	民俗芸能	住吉の御田植		昭和五十四年二月三日指定
記録作成等の措置をすべき無形の民俗文化財	民俗芸能	住吉の御田植神事の芸能		昭和四十六年十一月十一日指定
史跡名勝天然記念物	史跡	住吉行宮跡		昭和十四年三月七日指定
登録有形文化財	建造物（建築物）	住吉大社神館	大正四年（一九一五）	平成十八年十月十日指定

登録有形文化財	建造物 （建築物）	摂社志賀神社本殿　摂社若宮八幡宮本殿 摂社船玉神社本殿 末社侍者社本殿・拝所・神饌所 末社楠珺社本殿・拝殿 末社龍社本殿　末社立聞社本殿 末社貴船社本殿　末社后土社本殿 末社五社本殿　南絵馬殿　北絵馬殿 五月殿　神馬舎　斎館　御文庫		平成三十年五月十日指定
登録有形文化財	建造物 （その他工作物）	南手水舎　幸寿門　幸福門　南瑞籬門 北瑞籬門　神館西門　南中門 摂社大海神社南小門　北小門 西大鳥居　南大鳥居　北大鳥居　角鳥居 南脇参道角鳥居　北脇参道角鳥居 若宮八幡宮鳥居		平成三十年五月十日指定
【大阪府指定】				
有形文化財	美術工芸品	太刀　銘・国輝 附・鳥頚太刀拵	宝永六年（一七〇九）	昭和四十六年三月三十一日指定
有形文化財	美術工芸品	刀　銘・治国 附・金梨子地衛府太刀拵	天和二年（一六八二）	昭和四十六年三月三十一日指定
有形文化財	美術工芸品	剣　銘・吉道	宝永七年（一七一〇）	昭和五十三年八月四日指定
有形文化財	美術工芸品	太刀　銘・有続（陰陽太刀） 附・松鷺蒔絵糸太刀拵（陰刀） 雲龍蒔絵太刀拵（陽刀）	元文二年（一七三七）	昭和五十三年八月四日指定
有形文化財	美術工芸品	鉄砲　銘・野田善清尭	慶長十八年（一六一三）	昭和五十九年五月一日指定
無形民俗文化財記録選択	民俗	住吉大社の夏越祭		昭和四十七年三月三十一日指定
【大阪市指定】				
史跡	記念物	住吉大社境内		平成十三年十二月二十一日指定
保存樹	樹木	クスノキ（楠珺社千年楠）	1樹	昭和四十三年十月一日指定
保存樹	樹木	クスノキ（楠珺社夫婦楠）	1樹	昭和四十三年十月一日指定
保存樹	樹木	クスノキ（神館南庭）	1樹	昭和四十三年十月一日指定
保存樹	樹木	カイヅカイブキ（第三本宮前）	1樹	昭和四十三年十月一日指定
保存樹	樹木	ムクノキ（神館前庭）	2樹	昭和四十三年十月一日指定
有形文化財	彫刻	木造男神坐像　3駆	平安時代後期（1駆） 鎌倉時代(十三世紀､2駆)	令和四年五月二十七日指定
有形文化財	絵画	住吉神画像群　一括8点・附2点	康正二年（一四五六） 江戸時代後期─明治時代	令和四年五月二十七日指定
有形文化財	絵画	大阪画壇奉納扁額　一括55面	明治三十二年（一八九九）	令和四年五月二十七日指定

【堺市指定】			
無形民俗文化財	民　俗	住吉大社宿院頓宮の祓神事（荒和大祓神事）	令和四年十二月十六日指定
【日本遺産（Japan Heritage）認定】			
日本遺産　「荒波を越えた男たちの夢が紡いだ異空間～北前船寄港地・船主集落～」　構成文化財 住吉大社、住吉大社の石灯籠群			平成二十九年四月二十八日認定

住吉大社叢書発刊にあたって

わたしたちが住吉大社とのかかわりをもつようになったのは、平成十七年（二〇〇五）年四月に、文部科学省による私立大学研究高度化推進事業として「関西大学なにわ・大阪文化遺産学研究センター」が設立されたことに始まる。「なにわ・大阪文化遺産の総合人文学研究」として、祭礼遺産・生活文化遺産・学芸遺産・歴史資料遺産の四つのプロジェクトが組織され、五ヶ年の事業を展開したが、祭礼遺産の中心に「住吉大社の祭礼と宝物」に関する調査・研究が位置づけられていた。プロジェクトリーダーは黒田一充文学部教授である。

それが一気に加速したのは、翌十八年十月の「豊臣大坂図屏風」の発見である。八曲一隻の屏風には、中心画題として豊臣大坂城と大坂の市中が極彩色で描かれているが、右半分には住吉大社の境内と荒和大祓神事の行列が見えている。現在、八月一日に催行されている夏祭りの往時の姿である。

オーストリアの第二の都市グラーツ市内の世界遺産エッゲンベルク城内「日本の間」に収蔵されているこの屏風、博物館ヨアネウムの許可を得て複製を作ったが、平成二十四年（二〇一二）七月二十一日、それを住吉大社吉祥殿でお披露目した時の印象は、いまも鮮やかである。住吉大社が、豊臣期大坂城と並ぶ大阪の文化遺産の中心であることを、新発見の屏風を眺めながら、わたしたちは再認識した。

当時、わたしたちは「関西大学なにわ・大阪文化遺産学研究センター」の後継組織である「関西大学大阪都市遺産研究センター」（任期は平成二十二年度から二十六年度）を拠点とする事業を進めていたが、住吉大社との協力関係は継続され、境内の石燈籠や文学碑の調査、あるいは大社蔵のガラス乾板の整理とデジタル化などが、黒田教授を中心として進められ成果を生み出していた。住吉大社叢書発刊のアイデアは、こうした事業を通じて膨らんでいったと言えるだろう。

いまひとつ住吉大社と関西大学の関係を深めた要因がある。平成二十二年（二〇一〇）四月、堺市に新設された関西大学人間健康学部所属の学生たち、とくに体育会所属学生の夏祭りへの参画、具体的には祭礼当日、神輿が大和川を渡る神事の担ぎ手としての奉仕が、それであった。彼らの参画によって、車による渡御から人による渡御へと、神事が復活したのである。髙井宮司みずから、わたしたちに謝意を評されたのも忘れ難い。宗教離れが進行する現代に、宗教法人と総合大学が連携することで生まれた快挙といえるだろう。

日本有数の古社である住吉大社には、国宝である本殿をはじめ、数多くの文化財と文化遺産がある。その歴史については、住吉大社編『住吉大社』（学生社、日本の神社シリーズ、二〇一九年）に詳細に記されている。また建築物と御文庫所蔵の古典籍についても、近年、優れた報告書が著されている。『住吉大社歴史的建造物調査報告書』（住吉大社奉賛会、二〇〇九年）と『住吉大社御文庫目録』（住吉大社編、大阪出版協会発行、二〇〇三年）である。しかしながら、歴史と文化遺産の一般市民への普及は、初詣や夏祭りほどには進んでいるとは思えない。十年余の調査研究活動を通じて、わたしたちが一様に感じたところである。

そこで住吉大社の歴史と文化遺産を、一般市民にひろく普及するために住吉大社叢書の刊行を企画した。叢書と言っても一冊はわずか百頁前後のもので、図版を多数掲載し、持ち歩くこともでき、大社のガイドブックの役割を期待されるものである。とくに大社には『住吉っさん』という正方形の会誌を年に二回、崇敬会会員向けに発行しているが、ユニークなその紙型を模し、『住吉っさん』の姉妹版として位置付ける。頒布価格は千円程度が望ましい。

ということで作業を進め、第一巻『すみよっさんの境内と石燈籠』の刊行を迎えようとしている。

校正の作業はコロナの感染が拡大するなかで進められたが、この間、神仏の加護を求める市民の姿勢が各地で目立っているように思える。目に見えない感染症を前にして、神事・仏事復活の気運が増している、ともいえるだろう。

これからのポストコロナ時代にも、神事の重要性が減ることはないと思われるが、それと並んで、住吉大社の歴史と文化が発信されることを願わずにはおられない。

住吉大社叢書の発刊にあたり、読者のみなさんのご協力を希う次第である。

令和五年二月

住吉大社叢書監修者を代表して

藪田　貫（関西大学名誉教授）

編集後記

　住吉大社は、古くから海の神としての信仰を集め、遣唐使が派遣される際には航海の安全を祈って出発しました。社前に広がる住吉浦の松並木が連なる景観があまりに素晴らしかったため、貴族たちが和歌に詠み、やがて住吉の神は和歌の神としても信仰を集め、『源氏物語』などの文学作品の舞台にもなっていきました。江戸時代に海上交通が盛んになるにつれて、住吉神の信仰も全国に広がり、今では約二三〇〇社の住吉神社の総本社となっています。

　京阪神に住む人びとは親しみを込めて「すみよっさん」とよび、毎年正月三が日には二百万人をこえる初詣客が参拝します。大阪の夏祭りの最後を飾るのも、「すみよっさん」です。大阪市内の寺社としては四天王寺とともに歴史が古く、それぞれ市の区名にも採用されています。

　そのような住吉大社ですが、東京など遠く離れた地域の方と話をすると、名前は聞いたことはあるが、訪ねたことはないのでよく知りませんという反応が多々あります。そこでもっと「すみよっさん」を知ってもらおう！と企画されたのが『住吉大社叢書』のシリーズです。

　シリーズ巻頭は、住吉大社の歴史の紹介や境内案内とすることにしました。境内の景観を印象づける石燈籠群については、長年調査研究をされている神武《こうたけ》磐彦権宮司が社報『すみよっさん』に連載されているコラムを載せました。再録に際しては、加筆・修正を行いました。

　ハンディな小冊子ですので、これまで住吉大社を訪れたことのない方も、露店と大勢の参拝客であふれた初詣の境内しかご存じない方も、ぜひこの本を手に境内を散策していただければ幸いです。

　大阪の出版社は、江戸時代から大阪天満宮と住吉大社に出版物を奉納する習わしがあります。それは大阪書林御文庫講と呼ばれ、書物の奉納以外にも、毎年の書物の虫干し、夏の天神祭への供奉船の参加などの行事を現在も守り伝えておられます。『住吉大社叢書』の出版に当たって、清文堂出版にお願いにうかがったところ、前田博雄社長には、「御文庫講の一員ですから」と快諾していただきました。

　編集作業は順調に進んで刊行に漕ぎつけると考えていたのですが、令和二年からの新型コロナウィルス感染症の流行により、思わぬ事態になりました。住吉大社も最初の政府の緊急事態宣言を受けて、四月八日から五月末まで本宮周辺の門を閉ざしてすべての業務を停止するという、明治十年代のコレラの流行時でもなかった状況になりました。参拝が再開されてからも、二年続けて六月の御田植神事の芸能奉納は中止になり、八月の住吉祭も規模を縮小し、大神輿の渡御は中止になりました。今年の正月も密を避けるため、初詣の分散の呼びかけと境内の露店の営業は取りやめになりました。

　その一方明るい話題としては、令和になったことを記念して、甄物商の石燈籠の基壇が改修されて一段高くなりました。それに応じて渡會奈央さんにイラストを追加していただき、石燈籠マップの改訂版を載せることになりました。

　そういう思いもしなかった日々を経て、ようやく本書が発刊されることになりました。この間編集の労をとっていただいた松田良弘さんと新シリーズの装幀をつくっていただいた寺村隆史さんにお礼を申し上げます。

　一日も早く日常生活が戻ることと、この『住吉大社叢書』のシリーズが、末永く続いていくことを願います。

令和五年（二〇二三）二月四日　立春の日に

黒田　一充

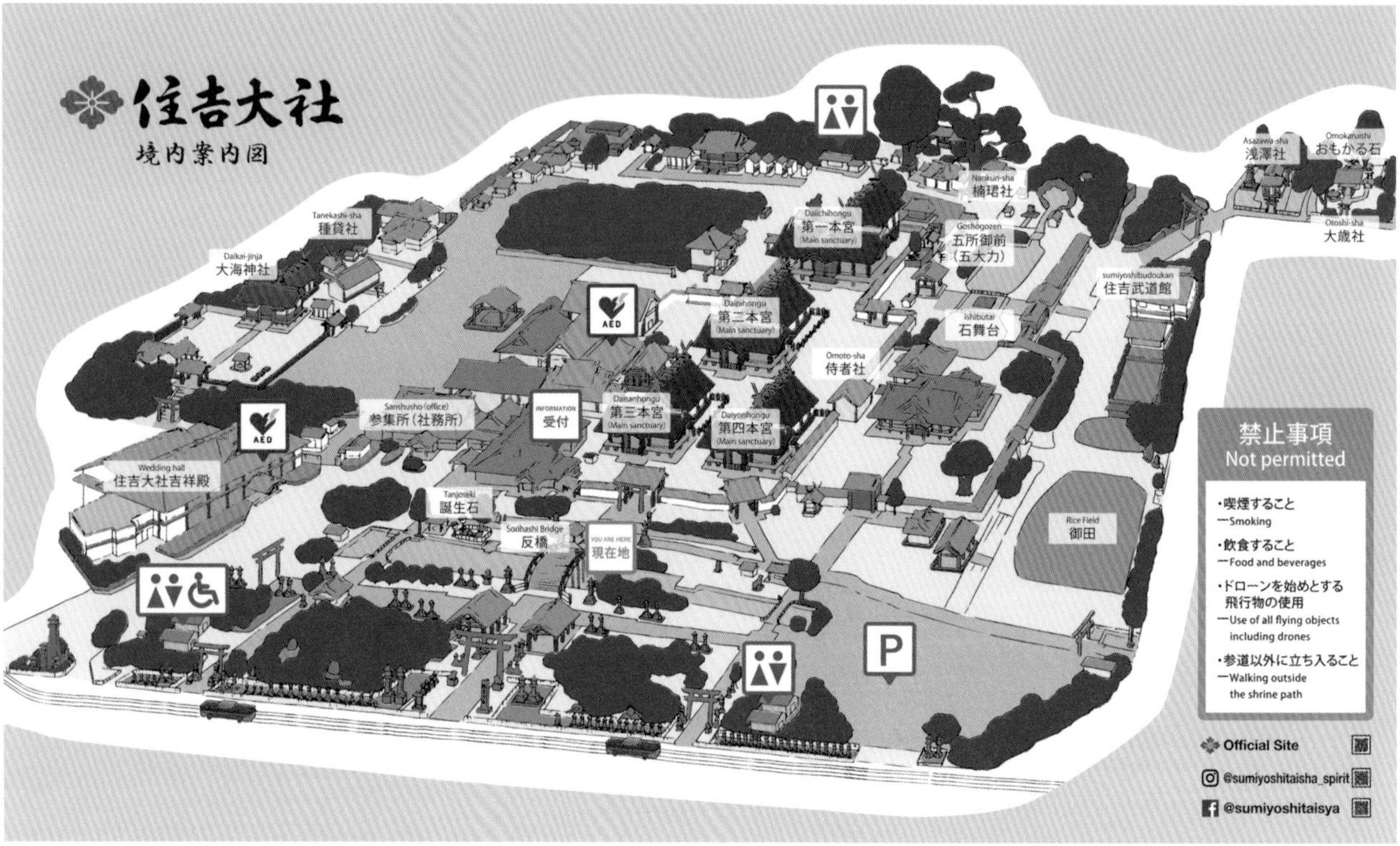

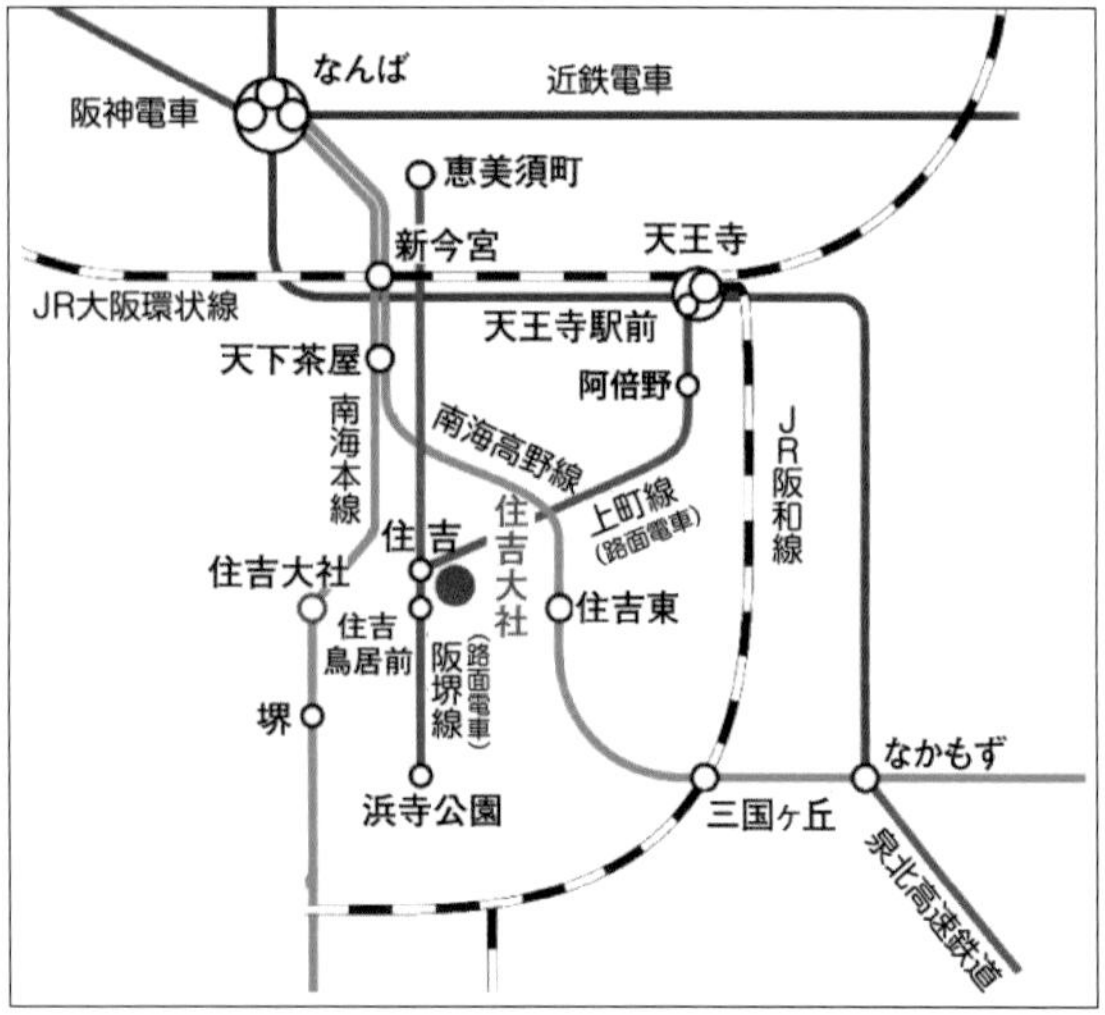

アクセス

南海電気鉄道

・南海本線「住吉大社駅」から東へ徒歩3分
・南海高野線「住吉東駅」から西へ徒歩5分

阪堺電気軌道（路面電車）

・阪堺線「住吉鳥居前駅」から徒歩すぐ

〒558-0045
大阪市住吉区住吉2-9-89
https://www.sumiyoshitaisha.net/

【執筆者】
黒田一充（関西大学文学部教授）　第一部・第二部
神武磐彦（住吉大社権宮司）　第三部
小出英詞（住吉大社権禰宜）　コラム「北前船がむすぶ上方と北海道」

【本書編集担当】
黒田一充

【住吉大社石燈籠ＭＡＰと図鑑】
編集：黒田一充　協力：高野鉄平・森花絵・北林千明・藤岡真衣・速水裕子
イラスト：渡會奈央
（イラストマップの制作は、2016年度サントリー文化財団「人文科学、社会科学に関する学際的グループ研究助成」の研究成果の一部です）

【写真】
住吉大社・黒田一充

住吉大社叢書　第１巻
すみよっさんの境内と石燈籠

令和５年（2023）３月31日　発行

企　画	住吉大社叢書刊行会
編　集	住吉大社
発行者	前田博雄
発行所	清文堂出版株式会社 〒542-0082 大阪市中央区島之内2-8-5 Tel.06-6211-6265　Fax.06-6211-6492 www.seibundo-pb.co.jp E-mail:seibundo@triton.ocn.ne.jp
装幀・編集協力	寺村隆史
印　刷	亜細亜印刷株式会社
製　本	株式会社渋谷文泉閣

ISBN978-4-7924-1501-3　C0314

「五」「大」「力」と書かれた３つの小石を探してみよう。見つけた小石をお守り袋に入れて持ち歩くと、心願成就のお守りに。
五
大
力
浅沢社
芸能・美容の神。5月にはカキツバタが美しいスポット。
東大鳥居
貴船社
立聞社《たちぎき》
禁煙や酒断ちのご利益あり
五所御前
若宮八幡宮
卯の花苑
大歳社《おおとし》
おいとぼし社
おもかる石
石舞台
慶長12年（1607）豊臣秀頼によって奉納された石舞台。
磁器製の燈籠
第二本宮
住吉武道館
大歳社は集金や心願成就の神。境内のおいとぼし社には「おもかる石」があります。持ち上げて、願いを占ってみよう。
侍者社《おもと》
縁結び・夫婦円満の神。侍者人形を奉納しよう。
第四本宮
楯《たて》社
角鳥居
船玉神社
航海・航空の守り神
市戎大国社
住吉のえべっさん
御田
毎年6月14日には、盛大に「御田植神事」が行われます。
卯の日参道に並ぶ石燈籠の多くは伊予から寄進されたもの。
南参道
南大鳥居
南枝橋
約10mもあり、修理のたびに大きくなりました。
題字は富岡鉄斎によるもの。
駐車場 P
南脇参道
南角鳥居
住友家から寄進された石燈籠が並びます。
紅花を扱った業者が寄進した石燈籠。
住吉大社の正面参道（汐掛道）両側には、住友家の石燈籠が28基並びます。
N

住吉大社

全国に約2,300社ある住吉神社の総本社で、その歴史は約1800年前まで遡るといわれています。「すみよっさん」の名で親しまれ、お祓い・航海安全・和歌・農耕や産業の神として知られています。４つある本殿は「住吉造」といわれる建築様式で、国宝にも指定されています。